中国创业培训

网络创业培训教程

电商版

（第二版）

人力资源社会保障部职业能力建设司
中国就业培训技术指导中心
组织编写

中国劳动社会保障出版社

图书在版编目(CIP)数据

网络创业培训教程：电商版 / 人力资源社会保障部职业能力建设司，中国就业培训技术指导中心组织编写. --2 版. -- 北京：中国劳动社会保障出版社，2021

ISBN 978-7-5167-4905-0

Ⅰ.①网… Ⅱ.①人… ②中… Ⅲ.①电子商务 - 教材 Ⅳ.① F713.36

中国版本图书馆 CIP 数据核字(2021)第 075996 号

中国劳动社会保障出版社出版发行

(北京市惠新东街 1 号　邮政编码：100029)

*

北京市白帆印务有限公司印刷装订　新华书店经销

880 毫米×1230 毫米　16 开本　10 印张　163 千字

2021 年 5 月第 2 版　2022 年 3 月第 1 次印刷

定价：48.00 元

读者服务部电话：(010) 64929211/84209101/64921644

营销中心电话：(010) 64962347

出版社网址：http://www.class.com.cn

编审委员会

主　任：刘　康　吴礼舵

副主任：王晓君　袁　芳

委　员：田　丰　蔡　兵　项声闻　张　薇　管　颖

编写人员：（按姓氏笔画排列）

王勇能　冯　卓　吕继仁　庄　辉　李志强

李洪福　项　清　赵重阳　祝　莉　聂　兵

凌　军　常　蓉　梁　峰

审定人员：（按姓氏笔画排列）

于明鉴　杨荣周　张　冲　梁旭光

前　言

党的十九届五中全会提出要实现更加充分更高质量就业。为深入实施职业技能提升行动，做好“六稳”工作，落实“六保”任务，促进创业带动就业，2020 年，人力资源社会保障部组织实施职业技能提升行动创业培训“马兰花计划”和马兰花中国创业培训项目，提升劳动者创业能力，帮助劳动者成功创业，实现就业倍增效应。2016 年，人力资源社会保障部顺应互联网创业新形势，在“创办和改善你的企业”（SIYB）培训课程基础上，开发推广网络创业培训课程，帮助更多劳动者在互联网经济大潮中实现创业梦想。

近年来，数字经济蓬勃发展，5G、大数据、云计算、人工智能等新技术融入千行百业，改变着人类生产生活方式，特别是新冠肺炎疫情期间，线上消费需求再次升级，新业态成为新的经济增长点。餐饮行业借力外卖平台加快复苏，线上线下融合的教育培训得到爆发式发展，线上问诊开药逐渐成为新的消费习惯……网络创业蕴藏新的商机。为适应新趋势、新需求，在人力资源社会保障部职业能力建设司的指导下，中国就业培训技术指导中心组织专家对《网络创业培训教程（电商版）》进行改版，融入网络创业新理念、新模式、新技术，增加经济内外双循环大环境下的网络创业趋势，与时俱进调整农村电商、跨境电商和 O2O 电商，完善社交电商和直播电商，并在店铺推广和项目优化中补充融媒体、直播等方式，以更好地帮助劳动者成功创业。

一、教材内容

第二版《网络创业培训教程（电商版）》内容分为八个步骤，每个步骤都是创业者在创业过程中必须面对和思考的。这八个步骤环环相扣，逐渐深入。创业者循序渐进地学习这八个步骤，可以形成系统化的符合网络创业特点的创业思维，进而完成自己的网络创业计划。

第一步　了解网络创业形势。了解什么是网络创业，认识网络创业的形势，分析电商创业的现状和发展趋势。

第二步　认识电商创业机会。理解选择电商创业机会的思路；分析农村电商、跨境电商、O2O 电商等电商现象，认识并发现电商创业机会。

第三步　电商创业者的自我评价。了解电商创业者将要面临的挑战，并从创业素质、知识和技能以及条件和资源等多个维度客观评价自己是否适合电商创业；客观分析自己的长处和短板，努力做到“扬长补短”，增强自己的创业能力。

第四步　项目选择。了解选择电商创业项目的途径和方法；运用有效的方法和工具进行项目筛选分析，以选择出合适的电商创业项目。了解如何根据自身条件和外部资源寻找适合自己的电商创业项目；运用有效的方法和工具进行项目分析，以做出最佳的项目选择。

第五步　市场分析。针对自己选择的电商创业项目进行创业环境、客户和竞争对手等要素分析，并在市场分析的基础上做出项目初步的市场定位。

第六步　开办准备。了解开办电商企业前需要做的主要准备工作，包括选择电商平台、组织货源和组建团队等。

第七步　运营管理。从这一步开始，创业者将进入电商创业的实质阶段。

运营管理概述。了解电商运营管理的基本内容和基本原理，并意识到电商创业要注重创业项目的盈利性这一关键要素。

运营管理之店铺呈现。了解商品展示的内容，以及如何构思和设计店铺中呈现的各类商品信息；了解店铺装修的内容，以及如何规划店铺装修，掌握店铺装修流程。

运营管理之店铺管理。了解店铺管理包括交易管理、客服管理和评价管理，掌握店铺日常管理方法。

运营管理之店铺推广。了解店铺推广的基本内容和推广思维；理解推广规划的基本思路，掌握推广渠道和推广形式的应用。

运营管理之财务计划。了解如何预测启动资金，明确融资渠道，了解预测利润的方法等。

第八步　项目优化。了解店铺项目优化的要素，理解店铺运营优化的维度，掌握运营优化的方法。

二、关键栏目

在教材中，你会发现除了教学内容阐述外，还有一些栏目，它们代表着不同内容。

“知识拓展”：在这个栏目中，结合案例分析，对这一个知识点或这一步知识的难点、重点进行深入讲解或延展阐述，便于拓展学习。

“小贴士”：在这个栏目中，进一步提醒培训内容中的难点、重点，并做补充说明。

“案例”：在这个栏目中，通过对案例的讲解，引导创业者跟随主人公一起面对各种创业问题，并从中获得启发，更好地学习和掌握创办企业的知识和技能。教材中所设案例仅服务于教学，且为便于理解和计算，对平台、数据等在真实信息基础上做了相应的技术处理。

本教材是专家们在《网络创业培训教程（电商版）》的基础上共同努力完成的，冯卓、梁峰老师完成了第一步内容的改写，梁峰、常蓉老师完成了第二步内容的改写，冯卓老师完成了第三步内容的改写，庄辉、项清老师完成了第四步和第五步内容的改写，聂兵老师完成了第六步内容的改写，祝莉、李洪福、李志强老师完成了第七步内容的改写，梁峰老师完成了第八步内容的改写。此外，张冲、梁旭光、王勇能、吕继仁几位专家参与了本教材的编审工作，在此一并致谢。

网络创业本身具有不断迭代创新的特点，教材中的一些观点难免有疏漏之处，敬请谅解。也期待广大读者在使用过程中能够提出问题和建议，以便教材在修订或再版时得以不断完善。同时，我们还将根据创业者的不同需求，持续组织开发新课程、新教材，逐步完善网络创业培训课程体系。

人力资源社会保障部职业能力建设司

中国就业培训技术指导中心

2021年4月

目 录

第一步　了解网络创业形势

从工业时代到信息时代，技术力量不断推动着人类创造新的世界。互联网的应用和普及正以改变一切的力量，在全球范围内掀起一场影响人类社会所有层面的深刻变革。我国互联网基础设施建设全面覆盖、网民数量平稳增长、数字经济繁荣发展，网络强国建设取得历史性成就。互联网在快速发展的同时，电子商务呈现出高速发展的态势，这为创业者带来了绝佳的机遇。

在这一步的学习中，你将了解网络创业的内涵和当前我国网络创业尤其是电子商务创业（以下简称“电商创业”）的发展状况和趋势。

一、什么是网络创业

创业是经济活动中重要的商业行为。对于个体而言，创业就是创业者为了获取盈利，通过经营活动，利用资源创造价值的过程。具体来说，创业就是创办一家企业的过程。

网络创业是网络经济环境新形式的创业活动，通常是指创业者利用互联网技术或者借助互联网平台开展商业经营活动，以创造价值、谋求利润的过程。

那么，网络时代的创业究竟发生了怎样的改变呢？

当前，互联网被认为是一种划时代的技术成果，原因就是，它革命性地改变了人与人之间的联系方式。在互联网时代，人与人之间的交流不必受制于空间和时间的局限，可以随时随地甚至“随心所欲”。创业者不再囿于以空间和距离划分的商圈限制，因为互联网已经将更大的市场组织在一起。利用互联网技术，供需双方以前所未有的速度和精度相互联系，资金和货物也在网络的控制下加速流转。所以，网络给每一位创业者带来的是更大的舞台和更强的力量，以及全新的机遇和挑战。在网络时代，创业者需要寻找新的商业机会，创新产品和服务，构建新的营销模式和渠道，探索新的经营理念。

目前，网络创业的形式主要有电商创业、劳务技术创业、自媒体创业、自建平台运营创业、网络代理商等。本书所介绍的网络创业主要指的是电商创业。

二、网络创业的形势

当前，全球正处于新一轮科技革命和产业革命突破爆发的历史交汇期，以互联网为代表的信息技术和人类生产生活深度融合，成为引领创新和驱动转型的先导力量，正加速重构全球经济的新版图。我国抓住信息化发展的历史机遇，推动互联网发展取得了一系列新成就、新进展。互联网经济在深刻塑造经济环境的同时，更深刻地影响着创业。

（一）快速增长的网民规模

据中国互联网络信息中心发布的第 47 次《中国互联网络发展状况统计报告》显示，截至 2020 年 12 月，我国网民规模达 9.89 亿人，已占全球网民规模的 1/5 左右，互联网普及率达 70.4%，如图 1–1 所示；手机网民规模达 9.86 亿人，网民使用手机上网的比例为 99.7%。我国网购用户数量达 7.82 亿人，占网民总体规模的 79.1%，如图 1–2 所示；手机网购用户规模达 7.81 亿人，占手机网民总体规模的 79.2%，网络支付用户数量达 8.54 亿人，网络视频用户规模达9.27 亿人。

从趋势上说，网民规模增长呈现以下几方面特点：第一，网民增长速度快，“十三五”期间，我国网民规模从 6.88 亿人增长至 9.89 亿人，增长率为 43.7%；第二，网民数量增长主体由青年群体向未成年人和老年人群体转化的趋势明显，未成年人、老年人群体网民

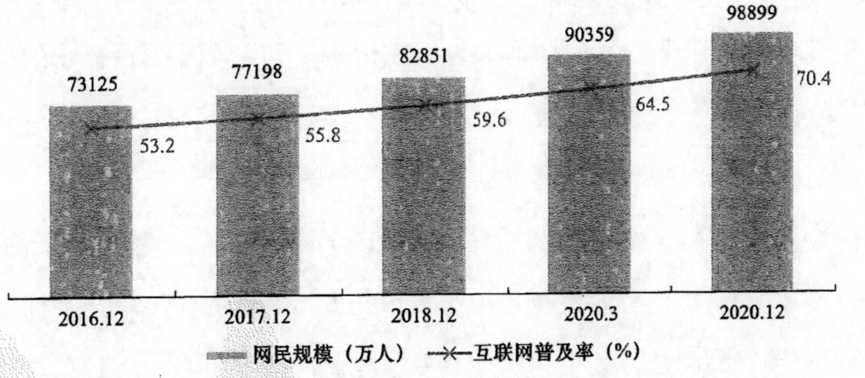

图 1-1　2016—2020 年中国网民规模和互联网普及率变化

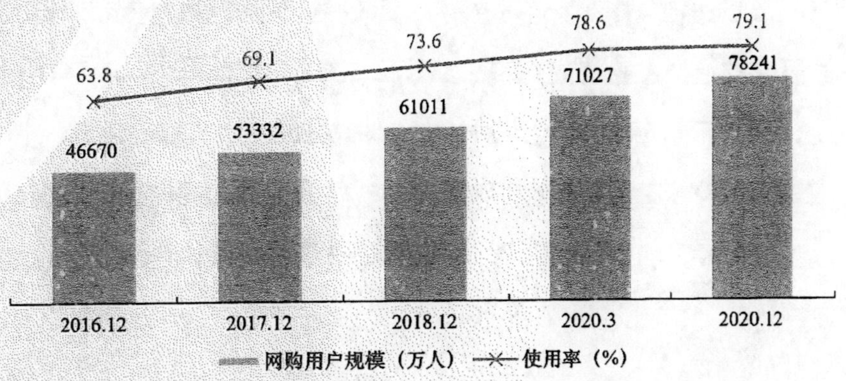

图 1-2　中国网购用户规模及使用率增长情况（2016.12—2020.12）

数量不断增加，形成了多元、庞大的互联网用户结构；第三，城乡地区互联网普及率差异逐渐缩小，这也为网络消费市场的下沉奠定了良好的用户基础。

从创业层面看，网民规模的增长和网民结构的持续优化将培育出多元、庞大的网络消费群体，这是我国网络经济快速发展的坚实基础和动力源泉，也是网络创业的肥沃土壤。

（二）快速扩大的网络消费市场

我国网络消费市场总体运行态势良好。自 2013 年起，我国已连续八年成为全球最大的网络零售市场。2020 年，全国网上零售额达 11.76 万亿元，同比增长 10.9%，实物商品网上零售额达 9.76 万亿元，同比增长 14.8%，占社会消费品零售总额的比重接近 1/4。网络零售在促消费、稳外贸、扩就业、保民生等方面的作用不断增强。在规模增长的同时，新旧动能转换进一步加快，线上线下融合、业态模式创新、质量服务提升等新动能加速形成。面对复杂严峻的经济环境，网络消费市场展现了充分的韧性。2020 年，主流电商平台累计直播场次超 2 400 万场，在线教育销售额同比增长超过 140%，在线医疗患者咨询人次同比增长 73.4%；“618”“双 11” 等大型网购促销活动推动了消费需求的释放，有力拉动了网络消费市场的增长；绿色、健康、“家场景”“宅经济” 消费热度凸显，健身器材、保健食品、消毒卫生用品、中高端厨房电器、宠物用品的增长均超过 30%。

从消费趋势上说，市场下沉趋势凸显。三线及以下城市、乡镇的购买力持续提升。一方面，网络消费渠道的下沉，有效缓解了中小城市和乡村地区商业体系完善程度不高、商品和服务品质参差不齐的问题，让中小城市和乡村地区消费者可以同一、二线城市消费者一样享受到高品质的产品和服务，降低了消费成本，激活了新的消费增长点。另一方面，网络消费渠道的下沉，促进了中小城市和乡村地区网络基础设施建设的不断完善，也为农产品输出提供了高效的通道，将乡村电商经济纳入数字经济体系内，促进了互联网经济的协调、持续发展。市场下沉将促使中小城市和乡村地区诞生出大量的创业机会。

从创业层面看，随着我国加快形成以国内大循环为主体、国内国际双循环相互促进的新发展格局，以及居民收入的不断提升，网络消费市场将持续快速发展，这为网络创业奠定了良好的市场基础。

（三）积极的政策导向

2015 年 7 月 4 日国务院发布《国务院关于积极推进“互联网 +”行动的指导意见》（国发〔2015〕40 号）指出，“互联网 +”是把互联网的创新成果与经济社会各领域深度融合，推动技术进步、效率提升和组织变革，提升实体经济创新力和生产力，形成更广泛的以互联网为基础设施和创新要素的经济社会发展新形态。在全球新一轮科技革命和产业变革中，互联网与各领域的融合发展具有广阔前景和无限潜力，已成为不可阻挡的时代潮流，正对各国经济社会发展产生着战略性和全局性的影响。积极发挥我国互联网已经形成的比较优势，把握机遇，增强信心，加快推进“互联网 +”发展，有利于重塑创新体系、激发创新活力、培育新兴业态和创新公共服务模式，对打造大众创业、万众创新和增加公共产品、公共服务“双引擎”，主动适应和引领经济发展新常态，形成经济发展新动能，实现中国经济提质、增效、升级具有重要意义。

为了支持和鼓励创新创业与网络经济更好的融合发展，国务院及其相关部委以及各地方人民政府相继出台了一大批有利于网络创业的政策，如《国务院关于大力发展电子商务加快培育经济新动力的意见》(国发〔2015〕24号)、《关于支持新业态新模式健康发展激活消费市场带动扩大就业的意见》(发改高技〔2020〕1157号)等，明确鼓励发展新个体经济，进一步降低个体经营者线上创业就业成本，支持微商电商、网络直播等多样化的自主就业、分时就业。2019年1月1日起施行的《电子商务法》对保护消费者和经营者等各方合法权益、维护电子商务交易环节和秩序、促进电子商务良性发展具有重要意义。

此外，政策还鼓励地方创造创业创新便利条件，设立创业基金，对众创空间等的办公用房、网络等给予优惠，实施免费创业培训、加大信贷政策支持、降低小微企业税收负担等举措，为创业者营造良好的政策环境。

众多国家和地方优惠政策的出台，为创业者指明了国家和地方经济发展的宏观趋势，大力支持和鼓励了利用网络技术和平台进行的创新创业，创造出越来越多的创业商机。

三、电商创业的现状和发展趋势

(一) 什么是电商创业

近十年来，我国电子商务发展总体态势良好，市场规模稳步增长，如图1-3所示。电子商务规模持续引领全球，在推动社会经济发展方面发挥了巨大的作用。电子商务是网络经济的重要组成部分，是传统商务模式的电子化、数字化和网络化。

图1-3　2011—2019年我国电子商务交易总额

电商创业是创业者通过互联网等信息网络销售商品或提供服务的经营活动，是网络创业的重要形式。从范围来看，电商创业的领域可涉及电商产业链的各个环节。电商创业因其业态丰富、门槛较低、利润丰厚、模式成熟等特点受到众多创业者的青睐。利用网络技术手段，电商创业者无须与消费者面对面接触，就可以完成商品交易的全部过程，而且便捷、高效。创业者面对更低的创业门槛不但有了从容选择的可能，而且在电商平台的助力之下，更获得了创办企业并促使企业迅速成长的广阔空间。

（二）电商创业趋势

1. 电商模式和电商业态持续创新

随着网络信息技术的发展，电商新模式、新业态不断涌现。人工智能、大数据、5G通信等技术广泛应用，直播电商、社交电商、跨境电商海外仓等模式深化创新，迎合了时下多元化、个性化、重视体验的消费需求。与此同时，电子商务带动线上线下融合发展的趋势更加明显，实体企业、零售门店主动拓展线上市场空间，实体经济在数字化转型方面做出了新的探索和尝试。从创业层面看，电商模式、业态的不断丰富，将推动现有消费场景和需求迭代升级，在此过程中，将产生大量的创业机会。

2. 电商发展向智能化演进

随着人工智能、虚拟现实等技术日趋成熟，以及新基础设施建设不断完善，电子商务将迎来智能化发展的新阶段。在技术创新和消费升级的双重推动下，我国电子商务将由规模化增长向高质量发展转变，新技术将更多应用于电商场景之中，电商企业通过运用大数据、云计算等先进技术，对电商产业链进行改造和重塑，从而进一步创新经营模式。从创业层面看，电商智能化发展将打破电商现有的产业形态、发展模式，深度提升电商的服务能力，未来，在电子政务、在线教育、在线医疗、O2O（online to offline，线上到线下）电商等方面将产生众多新的创业机会。

同时，电子商务在助力乡村振兴以及数字乡村发展，推动传统零售服务行业改造，新冠肺炎疫情防控常态下外贸企业转型等方面都发挥了巨大的作用，未来，中国电商将实现规模和品质的双提升、结构与效益的双优化，对网络经济的牵引作用将更加明显。巨大的现实规模、逐步健全的市场和积极的政策环境都昭示出中国电商良好的发展前景，电商创业已成为当前乃至今后很长一段时间内主流的网络创业方向。

第二步　认识电商创业机会

如果你发现了市场上存在尚未被满足的需求，你就发现了创业机会。如果你提供的产品或服务能够满足这些需求，你就抓住了创业机会，你的企业就有了获得成功的基本条件。然而，这些需求往往来源于变化，我们可以通过对比实体企业创业和电商创业的变化来分析这些需求，从而认识电商创业机会。

实体企业在经营过程中不断地处理与供应商及客户的关系，以便更好地满足客户需求，如图 2-1 所示。而电商企业的经营过程，如图 2-2 所示，其核心与实体企业相同，但各个环节都被互联网围绕和影响着。

信息流的互联网化使供应商、企业、客户之间的信息传递更加高效也越来越紧密，商品流的互联网化带来了物流相关行业的飞速发展，现金流的互联网化使电子支付、融资、营销更加高效、便捷、安全。

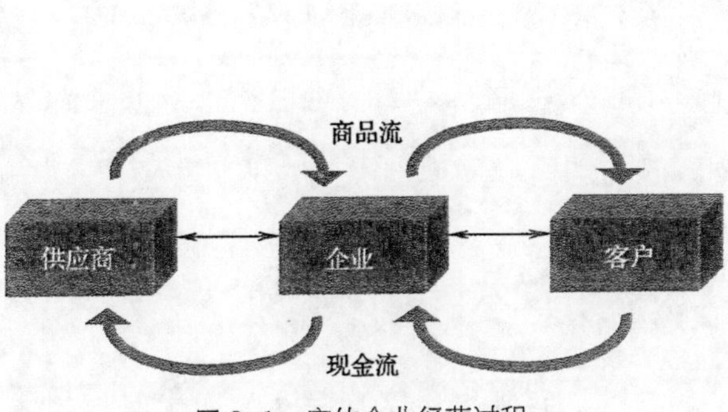

图 2-1　实体企业经营过程

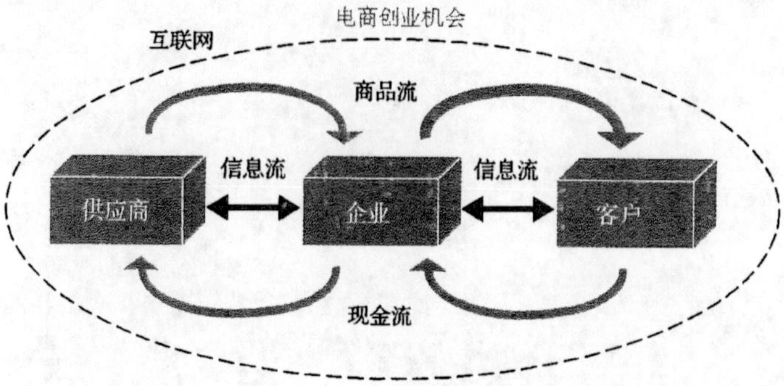

图 2-2　电商企业经营过程

这样一来，也就有效解决了实体企业渠道成本高、客户数据化管理难等痛点，优化了中间渠道，易于用户连接，随之也呈现出诸多电商创业机会，例如：

- 利用用户和企业连接的便捷性，基于社交自媒体聚集用户，企业深度开展用户互动，继而将用户导入电商平台开展电商创业。
- 利用电商交易沉淀的大数据，开展电商营销和优化。
- 基于用户习惯从 PC（personal computer，个人计算机）互联网迁移到移动互联网，开展移动端电商创业。
- 利用电商去渠道化特点，实体企业纷纷通过电商渠道进行创业。
- 利用个人专长通过直播及视频传播，形成流量后变现盈利。

近年来，随着电商发展的日趋成熟，电商创业形态也在不断创新和发展，涌现出农村电商、跨境电商、O2O 电商等诸多电商现象。作为创业者，理解和把握这些电商现象的内涵，厘清这些电商现象之间的区别和联系，对今后寻找电商创业机会尤为重要。

一、农村电商

农村电商一直是电商创业的热点方向，国家不断从战略的高度对农村电商发展进行总体部署，从电商助力农村地区精准扶贫到聚焦乡村振兴战略，密集出台了多项具体措施，随着农村地区电商基础设施的不断完善，农村电商的发展进入了新的阶段。

（一）什么是农村电商

农村电商是指利用互联网等现代信息技术，从事农村地区资源生产经营的商业活动。

农村电商大体包含两层含义：一是经营主体以信息技术为支撑，开展农村地区资源的生产、管理、网络营销、物流及客户关系管理等一系列电子化的交易和管理活动；二是通过网络平台嫁接各种服务于农村的资源，拓展农村信息服务业务和服务领域，使之兼而成为遍布县、镇、村的三农信息服务站。

随着农村电商的发展，其内涵得以不断扩充。从经营范围看，很多农村电商经营主体的经营范围从单一的农产品上行扩大到农村地区资源、工业品下行等方面，如江苏省睢宁县沙集镇有 2 000 多家网店主营板材家具类目；从服务内容看，农村电商的业务体系涵盖了网上对接农产品市场行情和动态信息、依托农村旅游资源发展特色旅游、结合互联网开展数字化农家乐和招商引资等内容，如山东日照五莲山脚下的“五蔬园”农业基地就形成了以电商为营销依托，以果蔬采摘、蔬菜创意园、农家乐休闲、立体农业展示、科技教育培训等为载体的综合经营模式。

从创业者角度来看，农村电商有以下几方面特点：

一是市场潜力大。根据国家统计局公布的数据，截至 2019 年年底，我国农村人口有 5.6 亿人，农村地区人均可支配收入逐渐增加。据中国互联网络信息中心发布的第 47 次《中国互联网络发展状况统计报告》显示，截至 2020 年 12 月，我国农村网民规模为 3.09 亿人，占网民整体规模的 31.2%。城乡网民在即时通信、网络娱乐等方面的差异逐渐缩小。网购已成为部分农民生活的常态，越来越多的商品和服务通过电子商务进入了农村，改变了农民的生活和消费习惯。农村电商市场潜力巨大。

二是发展空间大。农村电商交易额在不断增长，但市场规模仍然偏小。农村电商交易金额在农村社会商品零售额中占比较低，传统商业形态仍占据着重要的地位。在网络技术和商业模式创新的推动下，农村电商模式正在经历着快速迭代，更多的机遇和空间将被创造出来。

三是线上线下融合加速。由于农村地区的交通和生活方式以及电商基础设施与城市差异较大，农村电商在售后、物流配送、付款方式方面存在着巨大的不同。农村地区的线下商业体系仍有无可比拟的优越性。农村电商布局农村，要充分重视实体店铺的作用，利用其仓储、配送、售后的优势，实现线上线下充分融合，只有这样才能形成生命力顽强的商业模式。

四是农产品流通组织化与规模化。农产品分布的典型特征是分散化，而发展农村电商则可以在统一的网络平台上将少量的、单独的、分散的农产品组织起来，单个农户或农村合作社可以将农产品委托给当地配送中心进行统一包装和销售，由配送中心进行统一质检和产品分级，农户在交易过程中可获得充分的利益保障，而且这种统一组织、统一包装、统一销售的模式也有效降低了农业生产过程中的盲目性。

（二）发现农村电商创业机会

随着乡村振兴战略的推进，农村电商的物流基础设施日趋完善，电商创业氛围不断提升，农村电商政策红利不断释放，大批外出打工青年返乡，大学生村官普及，具备网络创业意识和基础知识的农村青年数量逐年增多，农村电商的发展迎来了新一轮的高潮，由此衍生出了更多的就业和创业机会。

1. 农产品电商

随着城乡居民收入的不断增加，其对优质农产品的需求日趋高涨。2019 年全国农产品网络零售额高达 3 975 亿元，同比增长 27%，带动 300 多万名贫困农民增收。利用电商经营农特产品是电商创业最直接的方式。深度挖掘、打造地域优质农特产品将成为农村电商创业的重要机会。

2. 工业品下行和农资电商

农村地区蕴藏着巨大的消费需求，移动智能终端、个人电脑、家电产品等一直是农村地区的热销产品。一方面，工业品下行对提升农村地区人口的生活品质和拉动内需有重要意义，推动工业品下行将诞生出众多电商创业机会。另一方面，我国是农业大国，目前国内农资市场容量超过两万亿。虽然农资市场空间如此巨大，但电商普及率并不高。传统农资市场存在销售网点分散、产品名目杂、经营缺乏规范性等痛点。随着“互联网 +”现代农业的推进以及国家的政策扶持，农资电商正成为新的创业方向。

3. 农村电商的第三方服务

农村电商创业过程涉及商品策划、品牌建设、推广运营、美工呈现等多个环节，很多农村电商创业者无法兼顾。创业者可以结合自身特点和资源，定位于农村电商市场的第三方服务，组建团队为有需求的农村电商创业者提供相应服务。

4. “互联网 +”现代农业

5G 通信、大数据、云计算和物联网技术飞速发展，短视频、直播、VR（virtual

reality，虚拟现实）等应用型技术不断成熟，它们与农村电商不断融合，将促成新的发展机遇。我国幅员辽阔，地域差异大，各地都有丰富的物产资源，许多农村资源的经济效益没有被充分挖掘。电商创业者可以深耕农村地区，利用“互联网＋”、电商等技术，开创新的农村商业模式和营销模式。

随着乡村振兴战略的持续推进，农村电商培训、农村金融业、农家乐、民宿经济等领域都充满着商机，将成为农村电商创业的重要方向。

知识拓展

随着信息技术的发展，农村电商模式、业态不断创新。网络新技术不断与电商场景结合，使电商经营方式日趋灵活。其中，农产品网络众筹模式和农产品直播模式发展迅速。

➤农产品网络众筹模式

农产品网络众筹是指在网络众筹平台发布农产品众筹信息，从而完成销售的一种营销模式，一般涉及众筹项目发起人、众筹平台、投资人等角色。众筹因其运营模式简单、效果好而备受创业者青睐。

在传统农产品供应链中，农户处于供应链最上游。一方面，作为农产品直接生产者与提供者，农户本可以掌握更多的主动权和更高的收益，但由于市场信息不对称，以及种植的盲目性，往往出现滞销等情况。所以，农户更倾向于直接将农产品销售到消费者手中，省略中间环节以获取更高利润。另一方面，消费者对健康、优质、生态的农产品需求越来越高，希望以更少的中间环节来获取更优质商品。农产品网络众筹的模式恰恰解决了这一问题。

农产品网络众筹流程如下：

第一步：发起人将农产品众筹的策划方案和目标上传至众筹平台，由众筹平台进行审核。

第二步：审核通过的项目将在众筹平台上进行展示和推广。发起人在众筹平台上设定筹资目标和筹资日期，投资人开始投资。众筹平台将对投资人的资金进行监管。

第三步：若众筹目标达成，发起人将相应的农产品回报投资人，众筹结束。

➢ 农产品直播模式

农产品直播模式是指通过互联网平台，使用直播技术进行近距离产品展示、咨询答复、导购的新型服务方式。“直播＋农业”可以让观众看到农产品的真实生长环境、产品的真实性状，再加上主播的讲解，甚至现场称重、发货等，在一定程度上可以提升产品的价值，是实现农产品增值和销售的重要环节。直播带货不仅能有效解决产品呈现的问题，更能够加速特色农产品上行，有效缩短城乡供需的距离。在传统电商不发达的地区，要发展电商更应利用新的技术优势。

遮放贡米、盈江火烧乳猪、陇川过手米线、梁河皂角米、傣家泼水粑粑，云南省德宏傣族景颇族自治州州委副书记、州长卫岗携手5位县（市）长走进某平台直播间，为百余万网友带去最具特色的“德宏味”。“遮放贡米之所以称为‘贡米’，其背后有一段传奇。”直播间里，卫岗身着傣族服装向网友们娓娓道来，他一边吃着蛮允酥腐乳佐饭一边进行直播，米香仿佛“飘”出了屏幕。网友们纷纷下单，关于贡米的直播还没结束，1 000单遮放贡米就已经被抢光。据了解，这场直播共吸引105万人次观看，评论互动量4.2万条，其中近1万斤（1万斤=5 000千克）百香果当天售罄，德昂酸茶补货3次，皂角米、后谷咖啡、迪思坚果、蛮允腐乳也都卖出了平日几倍的量。

二、跨境电商

近年来，随着欧美等主要市场消费格局的转变和东南亚、日韩等新型市场的崛起，在国内一系列利好政策加持以及电商平台的自我建设下，我国跨境电商交易规模持续向好，为众多创业者带来了新商机。

（一）什么是跨境电商

跨境电商是指分属不同海关关境的交易主体，通过电子商务的手段将传统进出口贸易中的展示、洽谈和成交环节电子化，并通过跨境物流送达商品、完成交易的一种国际商业活动。跨境电商具有一般电子商务的基本特征，同时又与传统外贸密切相关，其业务流程如图 2-3 所示。

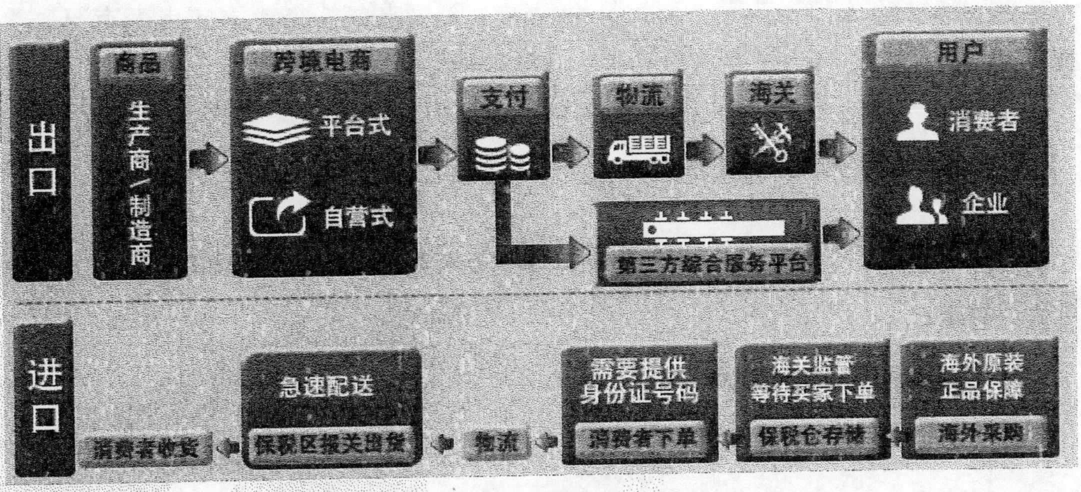

图 2-3 跨境电商业务流程图

得益于资本驱动、新基建及用户消费习惯的养成，跨境电商发展迅速，且趋势向好。从创业者角度看，当前跨境电商呈现出以下几方面趋势：

一是跨境电商市场潜力巨大。在电子商务全球化趋势推动下，消费者可以通过跨境电商平台直接下单消费，获取全球商品，极大激发了消费者的消费热情，蕴含着巨大的市场潜力和发展空间。

图 2-4 所示为海关总署、艾媒数据中心公布的 2015—2019 年我国跨境电商零售进出口总值及同比增长情况，充分印证了这一点。

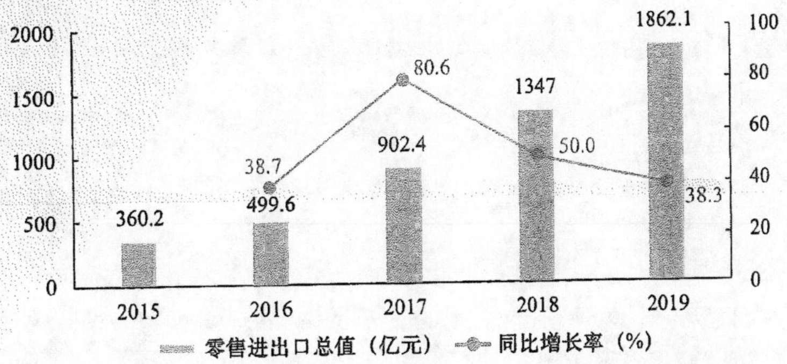

图 2-4 2015—2019 年我国跨境电商零售进出口总值及同比增长情况

二是跨境电商对创业者的要求不同。由于众多跨境电商服务平台和软件的发展，跨境电商的商品信息管理及语言障碍逐步减弱，更长的物流和现金流周期及对境外市场变化把控是摆在创业者面前的重大挑战。

三是跨境电商利润空间更大。得益于产品成本较低这一较为明显的产业优势，我国电商企业在跨境交易中形成了一定的价格优势，跨境电商往往比国内电商有更高的利润率。

（二）发现跨境电商创业机会

随着政策红利的不断释放，跨境电商已成为创业者新的选择，由此也衍生出更多的创业机会。例如：

1. 开展跨境进出口电商业务

跨境出口电商按照物流模式不同主要分为自发货模式与海外仓模式。自发货模式即当境外用户在跨境电商平台下单后，卖家从国内利用国际物流发货，买家收货后交易完成。自发货模式资金投入较少、经营风险小，但毛利率较低，更适合初创公司。

海外仓模式是指国内电商企业将商品通过批量运输的形式运往目标市场国家，在当地租赁仓库，当境外用户在跨境电商平台下单后，在当地仓库直接进行分拣、包装和配送的电商模式。海外仓模式有物流成本低、时效快、商品曝光度高及用户评价高等优势。有一定条件的创业者可以考虑利用海外仓模式创业。

就跨境进口电商而言，近年来，我国海淘用户规模持续增长，跨境购物越来越被我国消费者所接受。海淘市场规模巨大，发展趋势持续向好，为创业者提供了许多新机会。图2-5所示为2020年上半年我国跨境电商年轻用户的主要消费渠道。

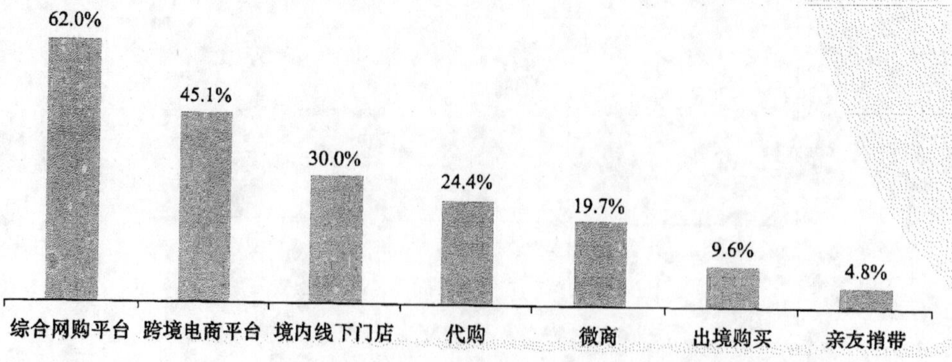

图2-5　2020年上半年我国跨境电商年轻用户主要消费渠道

2. 提供跨境电商的第三方服务

跨境电商创业过程中，同样涉及平台选择、货源组织、运营、视觉营销、文案策划、客服、营销推广等多方面专业内容。

创业者可以结合自身资源，为跨境电商创业者提供培训、业务外包、代运营等第三方服务。

知识拓展

常见跨境电商平台

跨境电商可分为出口电商和进口电商，常见平台如下：

1. 常见跨境出口电商平台

创业者若拥有公司资质，可以选择传统大宗跨境贸易 B2B 平台，如阿里巴巴国际站、环球资源、中国制造网等平台；也可以选择入驻第三方跨境小额批发零售平台，如全球速卖通、亚马逊、敦煌网、eBay 和 wish 等平台；同样也可以自营网站开展跨境小额批发零售业务，如兰亭集势等。

2. 常见跨境进口电商平台

近年来，个人创业者多数以代购的形式开展创业。2014 年后，零散代购进入规模化、流程化、IT 化时代，跨境进口电商的诸多创业模式应运而生。如以天猫国际为代表的大平台购物模式（类似国内天猫平台），以洋码头、海豚村和小红书为代表的自主运营模式（类似国内京东网站），以 55 海淘网为代表的链接销售模式（类似国内返利网站）。

三、O2O 电商

互联网的发展重塑了众多传统商业的场景，商业不再是单一的线下或线上，而是线上线下不断融合。这种模式逐渐成为商业模式的重要形态，外卖、跑腿、叫车、体验店等已经进入人们的日常生活并形成了一个个商业闭环，同时它也成为商家与用户新的连接方式。

（一）什么是 O2O 电商

O2O 最早由美国人亚历克斯·兰佩尔（Alex Rampell）提出，其核心理念是线下商家可以在线上寻找客户，将其引流到线下商家。当时的 O2O 可以被认为是 O2O 电商的 1.0 版本，国内将其理解为从线上到线下，当时最成熟的模式是团购，即通过 O2O 团购平台，打通用户和商家的虚拟及现实连接，如图 2-6 所示。

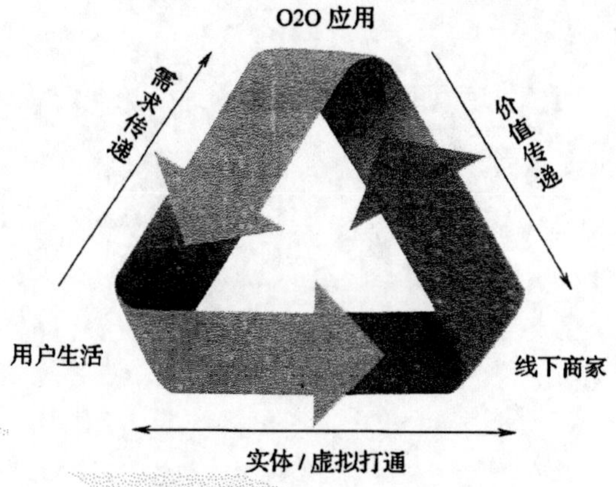

随着国内二维码技术的普遍应用，O2O 电商的发展实现了反转，线上平台可以通过线下的二维码入口实现线下流量导入，这个时候的 O2O 可被理解为 2.0 版本，即从线下到线上。

如今，随着移动互联网、智能手机及社交自媒体的发展，线上和线下的信息可以随时随地进行查询、交易和分享，实现了消费体验的无边界，这便是当前 O2O 的 3.0 版本，即用户和商家实现线上线下的全维度连接、互动和融合。

从创业者角度观察，O2O 电商改造了纯线上电商的商业模式，具体体现在交易、购物体验和社会化营销三个方面。

首先，在交易方面，纯线上电商只能通过第三方支付完成所有交易。而 O2O 电商可以有多种选择，如线上支付订金，线下门店支付剩余部分等。

其次，在购物体验方面，以购买衣服为例，如果是单纯的线上电商，很多买家由于无法试穿，就会担心线上展示的衣服不合身，尽管喜欢也未必下单购买，而 O2O 电商则可以有效解决这一问题，如图 2-7 所示。

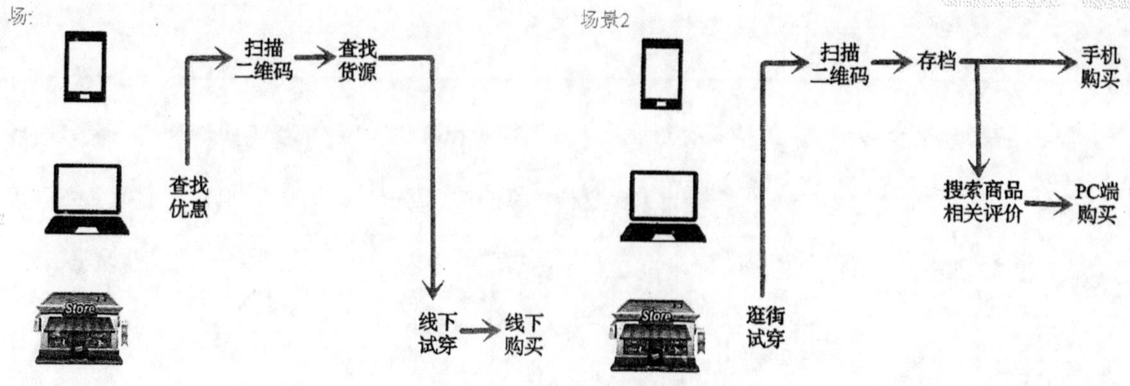

图 2-7　O2O 电商的理想购物体验状态

O2O 电商给创业者带来更多的潜在效益，扩大了商品的潜在销售范围，加强了品牌的传播，如图 2-8 所示。

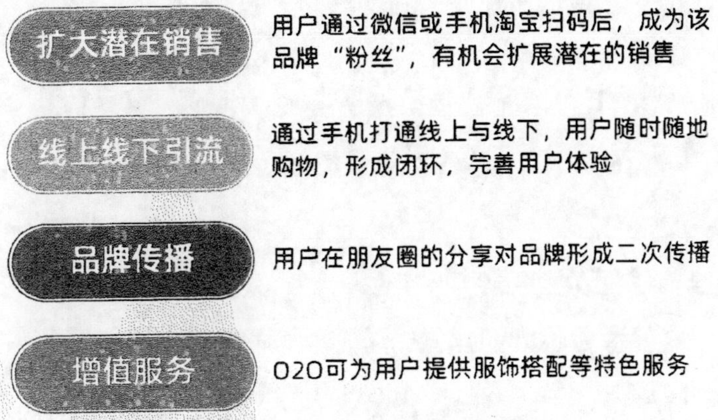

图 2-8 O2O 电商创造的潜在效益

（二）发现 O2O 电商创业机会

这里着重结合小微企业创业的特点，分析 O2O 电商存在的潜在创业机会。

1. 自建平台，做“小而美”的垂直型平台

综合性的 O2O 电商平台不仅需要雄厚的资金基础和技术实力，还需要匹配庞大的用户基础、商家资源和支付体系。对一般创业者而言，短时间内具备这样的条件和整合能力是比较困难的，目前较好的方式是选择自己熟悉的垂直细分线下行业，结合新零售，从较小的切入点入手进行互联网化改造、深耕和运营，并深度挖掘和利用大数据，做“小而美”的线上线下融合的垂直化平台来提供电商服务。

新零售企业以互联网为依托，通过运用大数据、人工智能等先进技术手段，对商品的生产、流通与销售过程进行升级改造，进而重塑业态结构与生态圈，并对线上服务、线下体验以及现代物流进行深度融合。

小贴士

“小而美”的理论起源于 1973 年，是舒马赫教授反思机器大工业带来的负面影响时提出的。“小”不是小市场而是细分市场，是满足某个群体认同的需求；“美”是细

节之处让用户感动，经营方式有新意并追求极致，从产品、营销、服务等多维度打造最佳客户体验；从大规模、标准化到聚焦消费者的个性化、人性化的回归，以满足消费者碎片化的需求，众多“小而美”将构成未来商业发展的根基；电商的技术赋权带给小微企业更自由的商业操作空间，互联网对单一而又特别需求的聚拢效应在空间和时间碎片化推动之下的网商创新，品牌新模式的变革正悄然而至。

2. 小型零售企业与服务业的线上线下相融合

传统小型零售企业与服务业可结合 O2O 模式，利用各种电商平台实现触达更广、交易更便捷、服务更高效的目标，随着 O2O 电商模式的普及，许多领域的线上线下融合模式蕴藏着众多的创业机会。纯线上电商企业，面对线上线下融合的浪潮也有发展线下实体体验店的需求，创业者在考虑这种模式时要注意考察电商的实力、信誉、利益分配及其商品在本地区的市场表现，此外还要考量电商能够给实体店提供的相关支持。线下实体企业也可以进行 O2O 的改造，充分利用线上流量红利，优化自身项目。

创业者还可以结合自身资源为新型零售企业在商品的生产、流通与销售过程各环节提供服务，如提供云仓服务，解决电商卖家仓储 + 配送方面的问题，为云仓提供技术服务、人力输送、包装等服务。

四、其他电商创业现象及创业机会

随着网络基础设施建设的升级以及互联网普及度的提升，我国已经成为全球拥有网民数量最多的国家。网络经济在社会生活中扮演的角色已越来越重要。相关调查数据显示，网民日均上网时长中有过半时间用于社交类与内容类平台，如图 2-9 所示。社交类和内容类平台广泛兴起，使得自媒体电商、社交电商、直播电商等成为电商创业的热门方向。

（一）自媒体电商

自媒体即个人媒体，互联网时代每个个体都可以通过网络平台发表个人观点。自媒体电商是自媒体的衍生产物，即通过自媒体进行商品展示与用户积累，从而完成销售的模式。

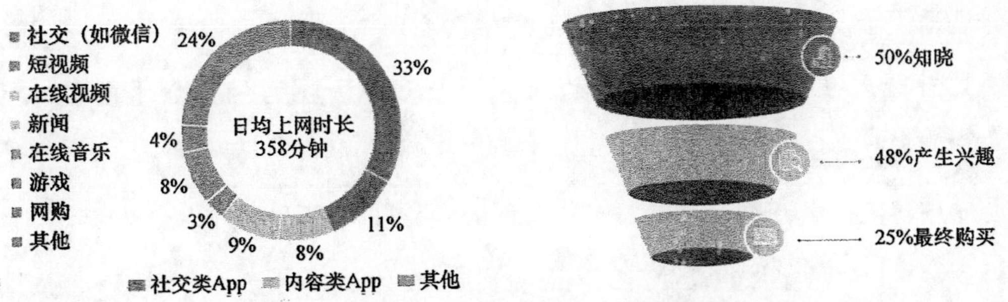

图 2-9　社交平台内容对消费者购买决策影响

自媒体电商较传统电商多了一层与用户互动的环节，能更好地促进成交。自媒体电商运营要特别关注客户引导、客户关系维护、客户价值转化等方面。自媒体电商常见平台有微信公众号、微博、头条等社交类平台及抖音、快手等内容类平台。

自媒体电商创业主要有以下方向：

一是运营自媒体电商。自媒体电商创业者可以深耕垂直领域，在自媒体平台运营内容，积累粉丝用户，寻求变现。明确定位，找到定位领域，是自媒体电商创业的第一步。自媒体电商运营阶段，内容是核心，要基于定位不断推出优质的内容，吸引用户。内容定位可以从自身的资源条件和技能出发，结合社会热点考虑。最后就是要探索盈利模式，常见的自媒体电商盈利模式有出售商品、分销商品获得佣金、广告盈利等。自媒体电商创业往往需要一定周期，对此创业者要有合理的策划和准备。

二是提供与自媒体相关的第三方服务。自媒体电商创业运营涉及环节众多，很多小微企业创业者无法兼顾这些环节，因此对于品牌策划、人才服务、平台运营等第三方服务需求强烈。

（二）社交电商

社交电商是指通过社交网络平台或电商平台的社交功能，将关注、分享、讨论、沟通互动等社交化元素应用到电子商务的购买服务中，以更好地完成交易的过程。社交电商企业通过社交化工具的应用及与社交化媒体、网络的合作，完成了品牌销售、推广和商品的最终销售。社交电商不是传统电商或者移动电商的颠覆模式，而是两者的深化、延伸，从某种意义上说，社交电商是一套客户管理体系，通过客户的社群化充分激活企业的沉淀客户，将每一个单独的客户通过社交网络工具进行了社群化改造，利用社会化媒体工具充分调动社群成员的活跃度和传播力。社交电商模型不仅适用于传统电商，也适用于移动电商，甚至还适用于仅仅通过社交工具进行销售的微商。在社交电商模式下，用户因为被好的内容所吸引而聚集成社群，社群发展壮大，促成更多交易，最终完成商业变现。

社交电商创业机会分析如下：

一是做内容类社交电商。内容类社交电商的核心是内容驱动成交。创业者可以在社交平台做好内容定位，通过运营高质量的内容吸引用户访问，积累粉丝，通过一定时间的互动，建立一定的信任关系，然后引导用户进行裂变与成交。内容类社交电商运作模式往往涉及商品供应商、内容平台和内容生产者、消费者、电商平台等角色，如图 2-10 所示。

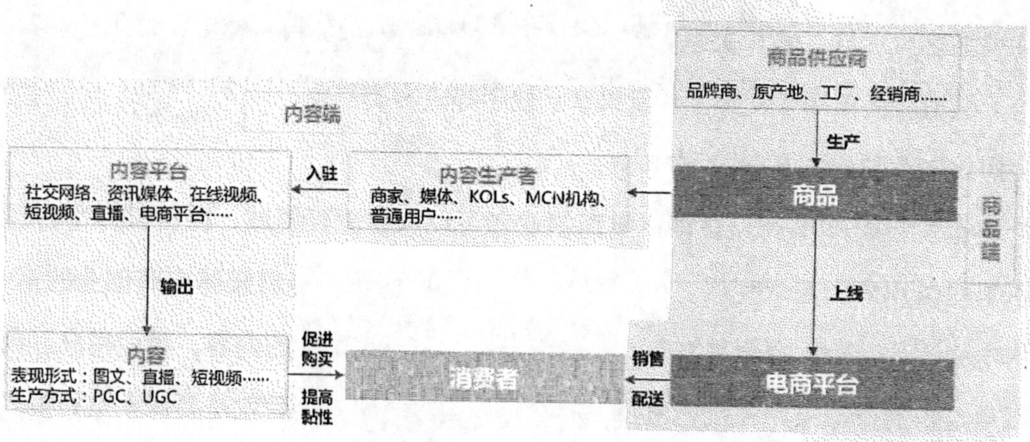

图 2-10　内容类社交电商运作模式

内容类社交电商创业的挑战在于对运营团队的能力要求较高，需要有持续不断的高质量内容输出作为基础。创业者在做内容类社交电商时，一定要做好充分的准备。小红书就是典型的内容类社交电商平台。

二是做零售类社交电商。零售类社交电商是通过社交平台，利用个人社交圈的人脉和影响力进行商品交易的模式。该模式下常见的有直销和分销两种经营方式。直销指的是商家通过平台直接将商品信息推向消费者，消费者可以直接购买商品或将商品信息转发推荐给好友。而分销指的是平台面向个人店主等小微商家用户，通过他们来间接接触消费者。小微商家负责流量获取和分销，商品供应及售后等服务由平台提供，如云集微店，创业者通过会员制入驻成为小微商家，并利用自身社交关系进行推广、销售，从而获取佣金。

在零售类社交电商模式下，电商和社交充分融合，大大降低流量成本的同时，提高了获客的精准度。零售类社交电商门槛相对较低、风险较小，深受小微企业创业者青睐。

（三）直播电商

直播电商是利用电商手段把销售商品和直播技术结合起来的一种新型销售方式。直播电商既是一种营销方式，又是一种新型的创业方式。直播电商生态中，上游主要为品牌商、经销商或制造商，中游主要为 MCN（multi-channel network，多频道网络）机构、主播以及平台渠道，下游为消费者。品牌商按照产品特性向 MCN 机构或主播进行商业投放，MCN 机构为主播提供孵化、推广及管理服务，KOL（key opinion leader，关键意见领袖）输出内容并通过平台触达消费者，完成带货。直播电商产业链如图 2-11 所示。

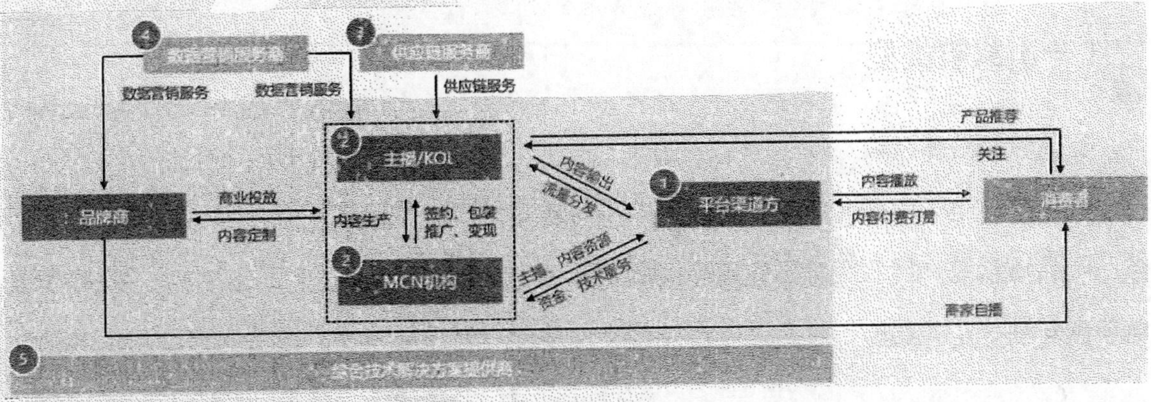

图 2-11 直播电商产业链

直播电商平台包括传统电商平台开辟直播区域，如淘宝直播、京东直播等，也包括娱乐型直播平台，如抖音直播、斗鱼直播等。

直播电商创业机会如下：

一是直播带货。直播作为时下热门的营销方式，是重要的流量入口。电商创业者可以在直播平台开通直播账号，结合电商产品，通过运营积累粉丝，展示、销售自营或代理的产品获得盈利。直播带货是目前电商创业比较常见的模式之一。

二是做内容类直播电商。电商涉及的产业链和环节众多，电商运营过程中涉及大量的专业领域和细分领域，这些领域里有大量可挖掘的内容。电商创业者可以深耕电商相关内容，进行细分定位，通过直播方式进行内容输出，最终获得盈利。

三是直播电商的第三方服务。直播作为热门的营销方式和流量入口深受创业者追捧，但直播背后涉及的电商产业链和供应链内容丰富。电商创业者可以从提供直播团队、主播打造、品牌策划、直播搭建等第三方服务的角度进行直播电商创业。

除上述电商创业现象外，内容类电商、短视频电商等也是创业者可以选择的方向，未来，随着5G通信、VR、人工智能等新技术不断开拓出更多应用场景，不断增强用户的创新体验，将会产生更多新的电商创业现象，衍生出更多的创业机会。创业者要不断洞察环境变化才能占得先机。

五、了解电商创业风险

创业过程中伴随着不同类型的风险。电商创业者既要对风险有充分的预判和认知，也要有风险控制意识和风险处理方法。

（一）风险类型

1. 政策和法律风险

近年来，电子商务在高速发展过程中不可避免地产生了诸多问题，虚假宣传、假货泛滥、产品质量差、售后服务不完善等问题层出不穷。2019年1月1日，《中华人民共和国电子商务法》正式实施，对促进电商持续良性发展具有重要意义。政策和法律是电商创业者的底线，电商创业者要及时关注相关法律及相关行业的政策、法规，只有在政策和法律支持的范围内开展电商企业运营才能持续发展。

2. 平台规则风险

平台规则是电商平台为保持其良性运行而制定的规则，对于违背平台规则的电商店铺，电商平台将对其处以扣分、降权、关店等处罚。电商创业者要充分认识、了解和利用平台规则，并遵守平台规则。

3. 供应风险

初创电商企业由于供应基础薄弱，对产品、物流等的掌控和了解程度比较低，缺乏话语权，因此很容易在经营过程中遭遇产品、服务、物流等方面的纠纷。

4. 财务风险

财务风险也就是盈利和亏损的不确定性，初创电商企业，由于没有稳定的业务收入，且供应链缺乏稳定性，因此产品能否吸引客户存在风险。产品不受消费者喜爱、营销方式缺乏创新等都可能影响企业盈利甚至导致企业亏损。所以，电商创业要充分考虑财务风险。

5. 人力风险

人力资源问题是电商企业发展过程中必须深入思考并加以解决的重要问题。企业面临的人力资源风险主要包括人力资源供给不足、劳动力成本大幅度上升和员工队伍不稳定三个方面。

6. 其他风险

除上述风险外，电商创业还可能面临支付风险、物流风险、交易安全风险、售后风险等。电商创业者要根据项目的类型和不同发展阶段有针对性地进行风险识别、分析与控制。

（二）风险管理

1. 风险识别和分析

风险识别和分析是指在风险发生之前，运用各种方法系统地、连续地认识所面临的各种风险以及分析风险事故发生的潜在原因。在电商创业过程中，要结合项目和风险类型，做好风险识别和风险分析。例如，跨境电商企业受到国际贸易政策影响较大，跨境电商创业者应充分考虑这一点。

2. 风险控制

风险控制是指风险管理者采取各种措施和方法，消灭或减少风险事件发生的可能性，或者减少风险事件发生时可能造成的损失。创业层面风险控制一般可以采用综合控制法、项目分解法、资金分解法等进行。

知识拓展

学习电商现象，你不仅要真正理解各种电商现象的概念、特点及其创业机会，还要理解这些现象之间的区别和联系及其背后的本质差异。

要想了解商业行为的本质及其背后的逻辑，往往需要剖析其商业模式。利用画布法剖析商业模式是目前常用的方法，商业模式画布如图 2-12 所示。

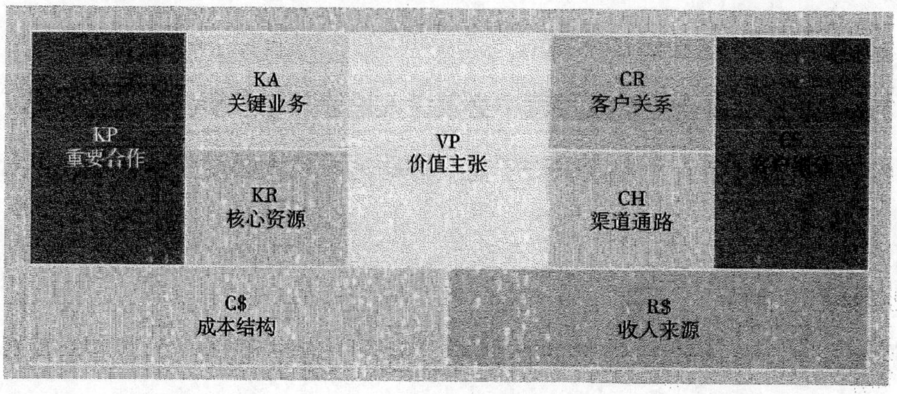

图 2-12　商业模式画布

资料来源：亚历山大·奥斯特瓦德，伊夫·皮尼厄．商业模式新生代［M］．王帅，王新宇，严威，译．北京：机械工业出版社，2011.

图中列出了商业模式涵盖的九大要素。在对各种电商现象所体现的创业行为进行剖析时，我们会发现，各种电商现象总体上均为利用电商平台和手段进行商品销售，其主要区别在于：在渠道层面，跨境电商主要通过跨境电商平台和物流将产品或服务传递给客户，O2O 电商依靠线上和线下平台同时与客户接触进行营销，农村电商主要依靠纯线上平台和物流将产品或服务传递给客户；在客户关系层面，农村电商、O2O 电商和社交电商等依托国内社交自媒体工具，如微博、微信等开展客户关系的管理和维护，而跨境电商的客户关系管理则以邮件沟通为主；在客户细分层面，跨境电商的客户属国外市场，其他电商的客户多为国内用户；至于所开展的关键业务、核心资源、合作伙伴、成本和收入，则大体一致。

第三步　电商创业者的自我评价

在上一步中，你了解到电商领域仍然存在很多令人激动的商业机会，但你是否有能力和条件寻找并且捕捉到它们呢？你要清楚地认识到，电商领域不仅存在着诸多的商业机会，同样也潜藏着相当多的危机和风险，在进行电商创业前，你必须认真、客观地评价自己的创业能力和条件，确定自己切实能够并且准备好迎接电商创业过程中需要面对的各种各样的挑战，而且愿意努力克服这些困难，更重要的是，你要考虑如何增强自己的电商创业能力。在这一步中，你要完成诸多的自我评价工作，这将为你未来做出正确的创业决策提供帮助。

一、电商创业面临的挑战

虽然电商领域里的机会很多，但并不是每一位创业者都能够成功创业，创业的道路上会遇到各种各样的困难，你必须做好面对各种挑战的准备。很多人投入了大量的财力和精力，却未能获得预期的成功，其原因如图 3-1 所示。

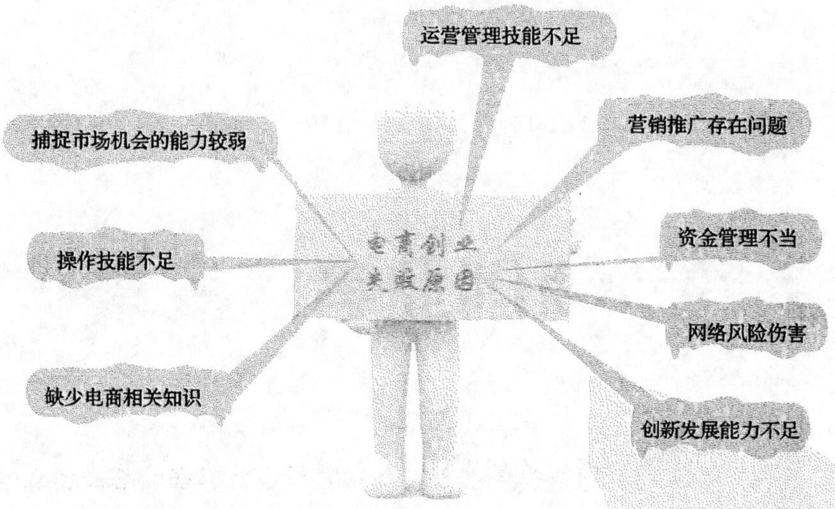

图 3-1　电商创业失败的原因分析

一是缺少电商领域里相关知识——对电商领域存在的各种商业现象了解不足，缺乏必要的相关知识。

二是操作技能不足——电商创业通常需要借助已有电商平台或自建平台来实现，如果你或你的合伙人，抑或是你的员工不熟悉电商平台的操作方法和技巧，你在创办和经营电商企业的过程中就会遇到很多问题，这很可能严重影响你的经营收益。

三是捕捉市场机会的能力较弱——电商领域瞬息万变，市场机会稍纵即逝，不要心存侥幸，任何机会都不是凭空产生的，它需要你去发现并捕捉，这就需要你善于利用互联网的数据分析工具，善于使用多种调研方法，能够做出相对准确的市场分析，发现机会并抢占先机，进而实现盈利。

四是运营管理技能不足——创建店铺后，你需要做好许多日常运营工作，如商品管理、客服管理、交易管理等，如果你或你的合伙人，抑或是你的员工在这些方面技能不足，就会导致你的店铺缺乏吸引力，使客户的购物体验不佳。

五是营销推广存在问题——如果你的市场定位不准确或者你没有针对客户进行适当、合理的营销推广，你的店铺就很可能在激烈的市场竞争中被“埋没”。当然，你也不能盲目地进行营销推广，因为如果你花费很大的财力和精力做营销推广，虽然有可能带来一定的流量，但却可能使企业因营销成本过高而面临没有利润的境况。

六是资金管理不当——你对企业需要的启动资金估算不足，或者对运营过程中的日常流动资金估算和准备不足，你的企业很可能会因资金不到位而难以经营。

七是网络风险伤害——你对互联网风险缺乏重视和认识，没能掌握必要的防范互联网风险的措施，导致被骗。

八是创新发展能力不足——电商行业发展迅速，为了保持和提高竞争力，你必须完善企业的运营管理，寻求创新突破。如果你的优化改进能力不足，你的店铺就不仅不能得到发展，反而会在激烈的竞争中逐渐退出市场。

二、自我评价的维度和方法

电商创业的成败，往往与电商创业者的能力和条件密切相关。在决定创业之前，你应该认真分析自己，看看你现在所拥有的创业素质、相关知识技能以及必要的条件资源处在何种状态。思考以下问题，并分析你的长处和不足在哪里。

（一）自我评价的维度

1. 创业素质

创业素质是电商创业者需要具备的基本要素，表 3-1 列出了通常情况下电商创业者必备的关键创业素质。

表 3-1　　电商创业者必备的关键创业素质

要点	含义
创业动机	创业动机是指引起和维持个体从事创业活动，并使活动朝向创业成功目标的内部动力。创业动机通常体现在自我提升、个人独立性的偏好、控制的欲望以及改变家庭和个人经济状况等方面
创业信念	创业信念是创业者对自我实现创业成功的坚定信仰，是对自我信念和敢于全力担当的内在动力
冒险精神	冒险精神是指创业者面对未来已知和未知的创业风险，仍然敢于坚持进行创业的精神
身心健康	创业者在创业过程中要拥有相对健康的身体和积极良好的心态
学习能力	电商领域发展变化快，新的知识和技术层出不穷，创业者必须具有主动学习的能力，以应对市场的变化

续表

要点	含义
团队精神	创业者的团队精神是基于对创业团队成员个人爱好、观念和成就的尊重。在创业过程中应通过发挥个人特长和协同合作共同实现目标
互联网思维	电商创业是基于互联网开展的创业活动，创业者需要逐步培育和建立用户至上、体验为王、颠覆式创新等互联网思维，并将这种思维转化为创业实践中的具体行为
其他素质	如创业者的诚信、主动性、责任心等

2. 知识和技能

电商创业者需要了解或掌握的知识和技能见表 3-2。

表 3-2　　电商创业者需要了解或掌握的知识和技能

要点	含义
创业知识和技能	创业初期的准备和计划，如商业机会识别、创业计划制订、记账、财务计划与管理等的基本知识和技能
管理知识和技能	有关企业日常经营和管理，如电商企业计划制订、目标管理、团队管理、采购、谈判、物流管理等的知识和技能
行业知识和技能	在创业初期，创业者需要了解和掌握与创业项目相关的行业信息、发展趋势、行业技术等必备知识和技能
网络店铺管理知识和技能	创办和经营网络店铺不仅需要做好必要的店铺装修、商品标题设计、商品主图展示、商品定价、商品详情描述等一系列工作，还要做好促销和售后服务等工作，创业者必须了解或掌握完成上述各项工作的知识和技能
网络营销推广知识和技能	创业者要了解和掌握各种网络营销推广手段的特点，以及怎样选择和使用适合自己的网络营销推广手段等
电商相关法律、法规知识	创办电商企业前需要了解我国与电商经营相关的法律、法规，如《网络购物服务规范》《网络交易管理办法》等，以及税法和《劳动法》《劳动合同法》《商标法》《消费者权益保护法》《就业促进法》《合同法》《产品质量法》《环境保护法》等相关法律内容
其他知识和技能	必要的计算机操作知识和技能，以及其他相关知识

3. 条件和资源

电商创业的条件和资源是指创业者要实现创业目标而必须具备的条件和资源，一般包括家庭支持、人力资源、社会资源、资金资源和物质资源等，见表 3-3。

表 3-3　电商创业者需要具备的条件和资源

要点	含义
家庭支持	电商创业可能需要随时随地响应客户咨询，需要夜以继日地工作，这势必对创业者的家庭生活产生严重影响，家人的理解和支持是电商创业者挺过初创难关的重要保障
人力资源	创业者需要选择并组建满足创立和发展企业所需要的创业团队，他们能够弥补创业者在相关知识、技能、经验等方面的不足
社会资源	电商企业的创办和经营离不开各种社会资源的帮助和支持，如创业培训机构的指导和帮助、政府部门的政策支持、与大客户建立联系的关键人员的帮助等
资金资源	创业者在创业初期通过企业内部或外部可能获得的资金情况
物质资源	物质资源指的是电商创业所必需的软硬件条件，如计算机、网络基础设施等，以及所需的产品供应渠道、电商平台的某些特殊权限等

（二）自我评价的方法

电商创业者的自我评价可以通过对自身创业素质、知识和技能及条件资源等各项指标的综合评价来实现，从而全面了解现阶段的个人状态。你可以采用雷达图来呈现评价结果，从而更为直观和清晰地看到自己的长处和不足。雷达图中各指标的分值能够帮助你分析自己各方面能力的强弱，这更有利于你针对个人情况进行强化和改进。

创业者也可以邀请其他人协助完成自我评价，尽量邀请创业经验丰富、有企业管理经验或具备相关专业背景的人士，以便对自己的长处与不足做出合理判断。你可以在选择项目前进行自我评价，可以在确定项目后根据已选定电商创业项目的具体要求进行再次评价，还可以在企业经营过程中定期进行自我评价，以便随时发现自身情况的变化，并做出合理决策。

案例 3-1

小丽的自我评价

小丽在一家公司上班，工作比较稳定，但收入有限。小丽认为自己可以兼职做电商，如果做得好以后还可以辞职专职做电商。她借用雷达图对自己的各项指标进行了分析，分析结果如图 3-2、图 3-3、图 3-4 所示。

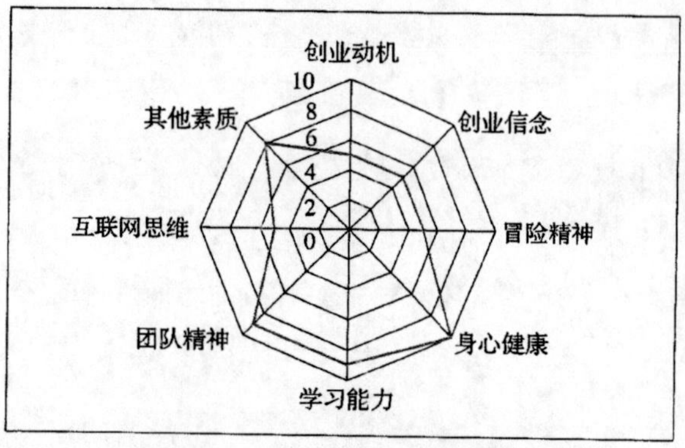

图 3-2　创业素质自我评价结果

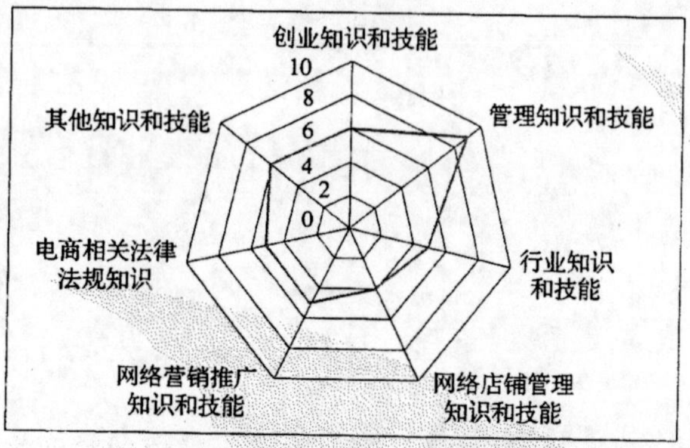

图 3-3　知识和技能自我评价结果

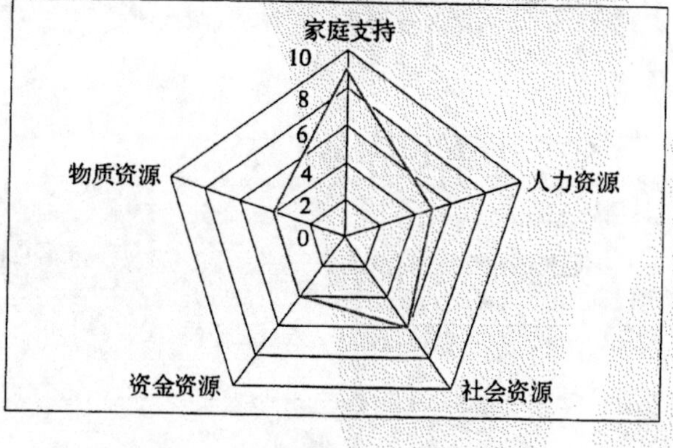

图 3-4　条件和资源自我评价结果

小丽在创业素质方面的自我评价结果是，身心健康、学习能力、团队精神等项目评价比较高，但目前的创业动机、创业信念、冒险精神、互联网思维等项目评价不高。

小丽在知识和技能方面的自我评价结果是，管理知识和技能方面评价较高，但创业、行业、网络店铺管理、网络营销推广等方面的知识和技能以及与电商相关法律法规的知识都比较缺乏。

小丽在条件和资源方面的自我评价结果是，家庭比较支持，但在物质资源方面的信息比较少，资金也尚不能落实，人力资源和社会资源方面也没有较突出的优势。

案例 3-2

小辉的自我评价

小辉一直从事与计算机有关的技能培训工作，对电商也不陌生。前段时间，小辉尝试做微商赚了些钱。小辉的一个亲戚是一家幼儿针织品生产企业的负责人，该企业的产品质量不错，品牌已有一定的影响力。小辉的爱人是英语专业毕业生，目前在职业中学从事英语教学工作。小辉了解到目前跨境电商的经营环境很好，国家也大力支持，基于自己的情况，他认为自己在这方面有一定的优势，于是有意涉足跨境电商创业。

小辉对自己进行了相应的评价，评价结果如图 3-5、图 3-6、图 3-7 所示。

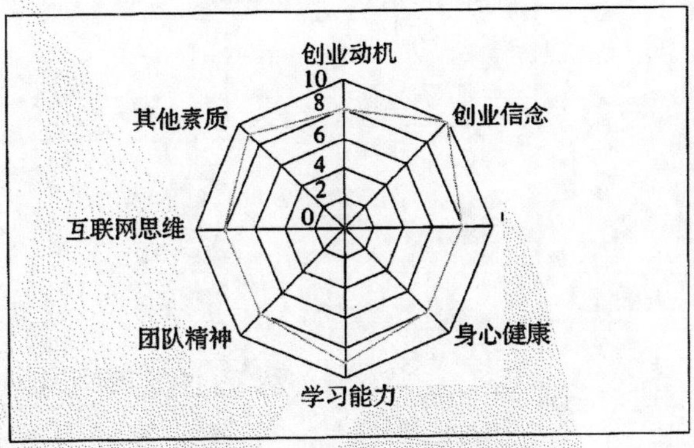

图 3-5 创业素质自我评价结果

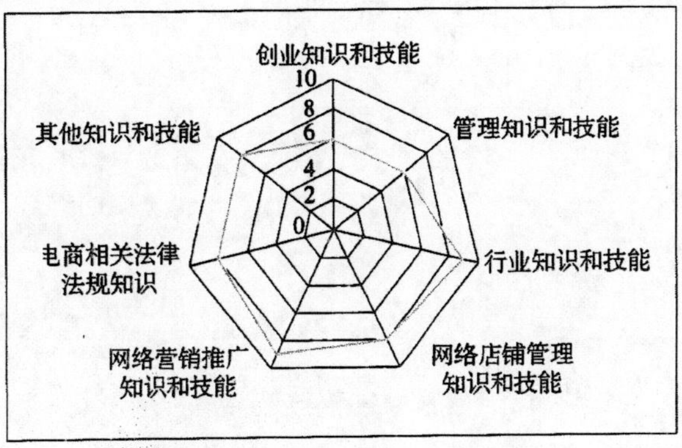

图 3-6 知识和技能自我评价结果

小辉在创业素质方面的自我评价结果是，创业信念坚定，学习能力强，整体水平较高。

小辉在知识和技能方面的自我评价结果是，网络相关知识和技能掌握得不错，但在管理知识和技能方面还存在诸多不足。

小辉在条件和资源方面的自我评价结果是，整体水平较高，目前看来进行电商创业的条件比较具备，但社会资源还需强化。

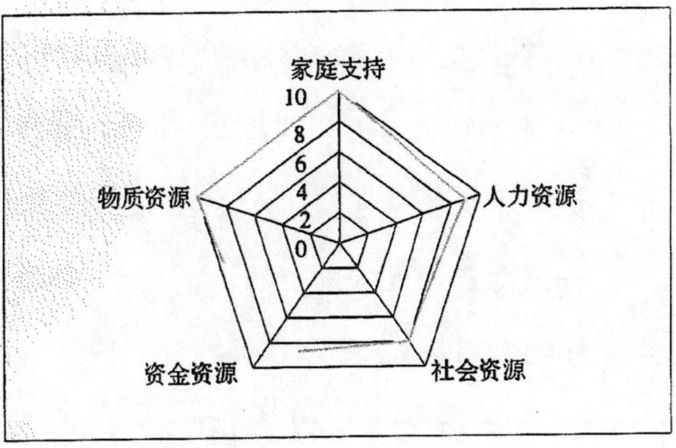

图 3-7 条件和资源评价结果

三、增强你的创业能力

创业者所需的创业素质、知识和技能及条件和资源越齐备，在创业过程中应对风险的能力就越强，但是，是不是每个人都需要做到创业素质、知识和技能及条件和资源都齐备才能进行创业呢？答案是不一定。

为满足经营需要，你需要在客观的自我评价之后思考如何增强你的创业能力，也就是如何“扬长补短”，如图 3-8 所示。

“扬长”是指强化自己的优势，在经营过程中充分体现出自己的核心优势，以便得到市场的认可和信任。

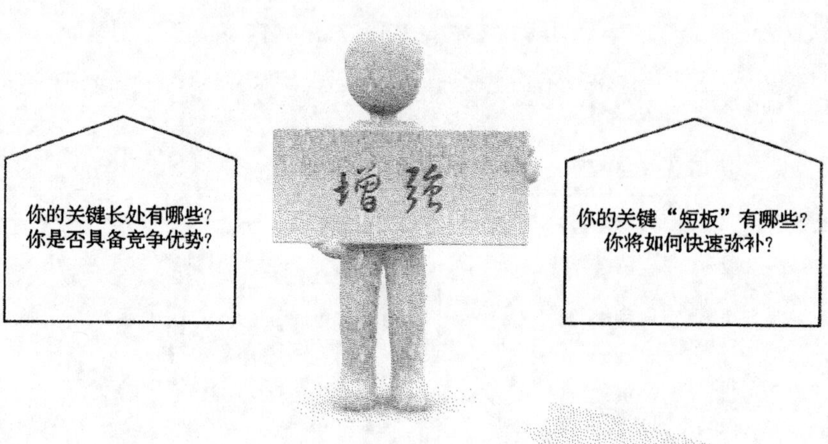

图 3-8　如何增强创业能力

“补短”是指你要想办法克服自己的关键“短板”，这可能是你的决策能力、专业技术、行业知识，也可能是你的电商运营、数据化营销、市场推广能力等，这些关键“短板”会直接影响你的创业成败，你必须努力把这些和创业项目相关的关键“短板”转变为优势，只有这样才有可能更好地把握市场机会。例如：

- 如果你的网络操作技能是弱项，你可以参加网络创业方面的技能培训，也可以雇用技术人员或寻找那些具备相应技术的合作伙伴。

- 如果你的企业管理能力是弱项，你可以通过阅读企业管理方面的书籍学习更多的知识，也可以参加相关的短期培训。

- 如果你的行业知识是弱项，你可以找一位有相关经验的合作伙伴，或找一位能提供相关领域咨询服务的人来帮助你。

案例 3-3

小丽的电商创业决定

小丽在自我评价之后，认识到目前自己先要解决创业的动机、决心和不愿冒险的问题，另外，有关电商创业的知识和技能较为缺乏，相关的诸多资源也需要积累。

小丽经过认真思考，认为自己有三个方向可以选择。

一是先从风险较小、门槛儿较低的微商入手，然后逐步扩展到其他电商平台。

二是尽快学习与电商创业相关的知识和技能，提升电商创业能力，增强自己的创业信心。

三是利用自己擅长管理的优势，寻找擅长网络操作的人合伙创业。

案例 3-4

小辉的电商创业决定

小辉在自我评价之后，虽然认为自己的相关知识和技能以及条件和资源都不错，但面对全国这么多优秀的电商创业者，感到自己仍需提高互联网思维方面的素养，还应深入研究和掌握电商创业的各项技能，争取在市场中形成良好的个人口碑。

另外，自己还需不断开发和拓展相关资源，他打算在货源方面寻找更多优质的供应商。在选择和把握创业机会以及落实创业的各项计划方面，小辉感觉自己一直缺少章法，他计划参加相关的短期专项培训，以弥补这方面能力的不足。

你要知道，素质可以培养，知识可以学习，技能可以训练，资源可以储备。机会虽然总会有，但却只留给有准备的创业者。所以，你要不断地提升和完善自我，从而实现自己的电商创业梦。

现在你可以进行自我评价，分析自己的优势和劣势，并将评价结果分别标注在图3-9、图3-10和图3-11中。创业者的自我评价并非只做一次，你在做完一次评价之后，应设定增强的目标，一段时间之后再利用雷达图做出测评，进行自我对比，然后优化增强的目标，以不断提高自己的创业能力。

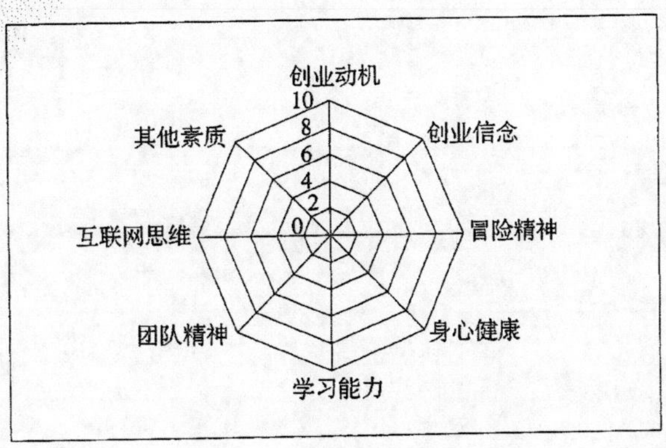

图 3-9　创业素质自我评价结果

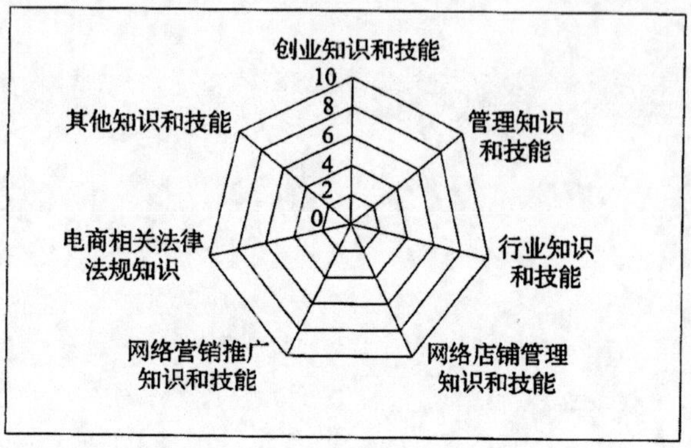

图 3-10　知识和技能自我评价结果

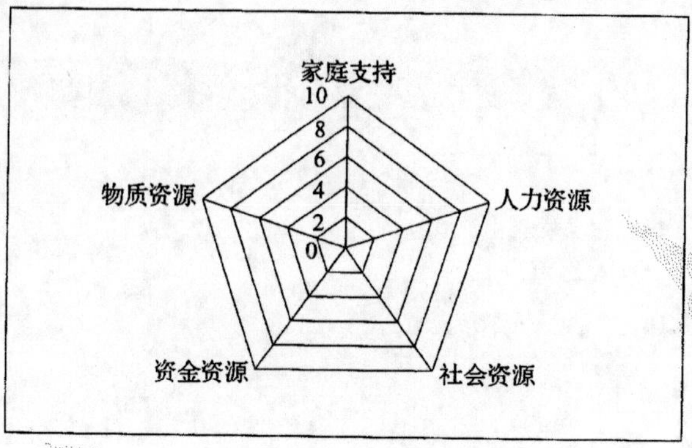

图 3-11　条件和资源自我评价结果

第四步 项目选择

就创业而言，有时候选择比努力更重要。项目选择通常是创业实践前最重要的一环，它往往决定了你能否取得成功，电商创业更是如此。你在选择电商创业项目时必须思考和了解以下信息：

现阶段你适合做什么项目？

市场上有这样的需求吗？需求量大吗？这种需求会长久吗？

你可以从哪些途径来选择项目？

选择项目有哪些方法和技巧？

你可以在这一步中找到上述问题的答案，从而寻找并选择出适合自己的电商创业项目。

为了实现良好的创业效果，创业者需要从繁杂多变的市场环境中识别出富有潜在价值的商业机会，进而合理运用自身所拥有的条件和资源，把握正确的时机，将其转化为适合自己的创业项目。良好的创业项目有助于降低创业风险，是创业成功的关键因素之一。对于创业者来说，一个好的创业项目通常要同时具备两个条件，如图 4-1 所示。

● 有客户需求；

● 有相应的资源和技能。

你可以从客户需求以及自身资源和技能两个方面出发寻找最适合自己的电商创业项目。

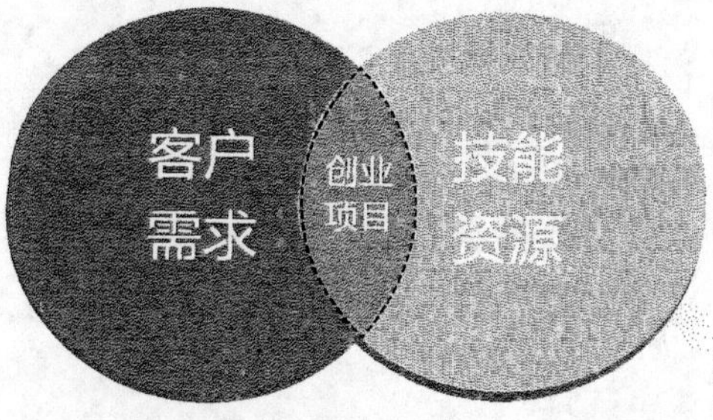

图 4-1　创业项目的两个条件

一、寻找你的电商创业项目

（一）寻找电商创业项目的途径

1. 基于自身资源和技能

所谓自身资源，是指创业者本人已经拥有的或者通过一定的组织方式可以直接掌控的资源，主要包含专业技术或创意、创业团队、社会关系、粉丝影响力、便利资源等五个方面。电商创业者从自己熟悉的事物和自身资源出发，通常更容易发掘自己有把握的创业项目。

（1）专业技术或创意。如果你已经懂得或掌握某项专业技术，可以提供某种产品或服务来满足人们的某种需求，那么这个过程中将蕴藏着适合你的许多创业项目。这通常和你以往的专业、工作经历、生活经验以及兴趣爱好有关。另外，如果你有一些能够解决人们某些不便或难题的创意，你也能由此发掘出一些创业项目。

（2）创业团队。有些创业者在选择项目前就已经组建或拥有了自己的创业团队，如果你也属于这种情况，那么你可以基于现有的创业团队以及团队中每名成员的特点、技能和资源来寻找适合你们团队的电商创业项目。

（3）社会关系。你的社会关系网中通常蕴含着很多创业机会，你可以仔细查看并整理自己的社会关系，并从中发掘你能把握的商业机会。

（4）粉丝影响力。随着各种社交自媒体平台的快速发展，“网红”“粉丝”这类词语频繁出现在人们的眼前。如果你现在是某个领域或圈子中比较有知名度的人物，拥有一定数量的支持者，那么你可以尝试利用你的影响力提供符合其心理期待的商品来满足那些粉丝现有的需求，与此同时你也可以通过这些大量的粉丝群体来发掘他们的潜在需求。并从中寻找到电商创业机会。

（5）便利资源。如果你所在的地区具有某种特有或稀缺的资源（如矿石、水源、油等），或者你所在的地区是某种农产品或海产品的原产地，抑或是你所在的地区及其周边拥有某种商品的大型集散批发地等，你可以进行实地调研并思考能否将这些资源或商品通过互联网渠道进行销售。

2. 基于客户需求

对于电商企业而言，客户是根本，流量是关键。你如果不能向客户提供他们需要并满意的商品，他们就会流失。而对你感到满意的客户则有可能成为你的“粉丝”，他们会继续访问你的店铺并向他们的朋友或其他人进行宣传。客户满意就意味着你将获得更多的客流量和更高的利润。

随着互联网的发展，电商消费者可以直接将需求反馈给商家。因此，为了获取更多的客户，部分商家采取柔性化生产，更多地立足客户角度研发和销售商品。

小贴士

柔性化生产是在柔性制造的基础上，为适应市场需求变化和激烈市场竞争而采取的以市场为导向的按需生产的先进生产方式。其优点是，有利于增强企业的灵活性和应变能力，缩短产品生产周期，提高设备利用率和员工劳动生产率，改善产品质量。

与此同时，你还可以尝试思考并发现周围哪些行业因为互联网的逐渐普及与成熟而发生了变化。2020 年初发生的新冠肺炎疫情是否改变了你和你周围的人的生活、工作和学习方式呢？针对这种改变，人们都产生了哪些新的市场需求？面对这些需求你是否产生了新的创业想法？

如图 4-2 所示，只有既能满足市场需要又拥有可利用资源的创业项目才是可行的。如果你只从自身资源出发，却不考虑能否吸引并满足客户需求，创业就可能面临失败。同样，如果你没有相应的技能和资源来提供优质的产品或服务，创业也难以成功。

当然，对于现阶段的电子商务而言，“商品一上架就不愁没人买”的时代已悄然远去，你要充分考虑自身资源和客户需求，朝着专业化或者差异化的方向发展。专业化注重的是产品或服务的专业和专注，通过不断的专业化发展拓展市场规模，提升市场竞争力。差异化则需考虑客户的需求，即要努力满足不同目标客户的需求。无论选择专业化还是差异化，

从自身资源出发

• 我生活在农村，周围有许多种植苹果的农户，所以我要开一家销售苹果的网店

• 我的一位亲戚正在经营一家服装加工厂，我可以做他的网络代理商

• 我是一名应届大学毕业生，学习平面设计专业，我可以在网上帮助人们进行店铺或产品的视觉化设计

从客户需求出发

• 人们想吃到高品质的苹果，我可以开一家销售高品质苹果的网店来满足他们的需要

• 人们希望根据自身需求订制服装，我可以开一家提供该服务的网店来满足他们的需求

• 许多企业主需要为他们的产品设计图册，我可以开一家图片设计网店来满足他们的需求

自身资源结合市场需求

• 人们想吃到高品质的苹果，我的亲戚种植的苹果品质很好。因此，我可以开一家销售苹果的网店来满足他们的需求

• 人们希望根据自身需求订制服装，而我的一位亲戚经营的服装加工厂能够提供订制服装的服务，因此，我可以开一家网络订制服装店

• 许多企业主有设计产品图册的服务需求，我是一名平面设计专业的应届大学毕业生，因此，我可以开一家视觉化设计网店

图 4-2　寻找电商创业项目的途径

你都需要具备某些方面的优势。例如，你所利用的自身资源是否有他人难以企及的技术高度、渠道优势或使用价值上的独特性，是否具备他人难以模仿的竞争力，进货渠道是否优于竞争对手，或者是否拥有独具特色的营销手段等。

（二）寻找电商创业项目的方法

如上所述，电商创业者必须同时从自身资源和客户需求两条途径出发，才能寻找到好的适合自己的电商创业项目。在寻找电商创业项目的过程中，和实体企业相比，你除了可以进行实地调研外，还可以利用互联网工具进行线上调研，以产生更多的电商创业项目或想法。你可以利用下面给出的三种方法来找出自己可以尝试的电商创业项目。

1. 自身资源分析

自身资源分析切记客观。你可以试着利用表 4-1 进行初步的资源梳理，当然你也可以根据你的实际情况和你周围的环境修改并扩充表格中的内容要点。

表 4-1 创业者自身资源分析表

自身资源分析	电商创业项目
你的兴趣爱好有哪些？这些兴趣爱好是否有可能满足某些客户需求？	
你擅长哪些技能？这些技能是否可以为别人提供某些技术服务或相关产品？	
你对哪些行业比较熟悉，请判断这些行业当前是否存在商业机会？	
你是否有可以利用的社会资源、资金资源和物质资源？如果有，请列出，并指出这些资源可以给你创造怎样的价值？	
你帮助别人解决过他们在工作和生活中遇到的困扰或麻烦吗？这种情况多吗？	
通过上面的分析，你认为自己现阶段可以做的电商创业项目或创业方向有哪些？	

你要尽可能详细地填写表格，在这个过程中，你可以和身边有电商创业经验的人交流，询问他们的看法。你可以不断地调整并修改表格中所填写的内容，直到你觉得满意为止。

2. 调查你所处的环境

你可以从以下几个方面调查你所处的环境，从而寻找更多的电商创业项目。

（1）自然资源。调查你所在的地区具有哪些丰富的自然资源，分析可以利用这些自然资源来生产哪些人们需要的商品。这里所说的自然资源包括农业、森林、矿物及水资源等。

（2）居民的能力和技能。你所在地区的居民是否掌握某种特色技艺或某种特殊的技能，如石材雕刻、手工藤编等。

（3）工商业发展状况。你所在的地区有工厂吗？这些工厂主要生产什么产品？它们是否在互联网上销售自己的产品？你所在的地区是否是某类商品的批发集散地？如果你所在的地区工商业发展较快，你可以考虑做现有传统企业的网络代理商。

（4）进出口状况。如果你所在地区的进出口贸易量较大，你可以考虑做跨境电商项目。你可以了解一下当地海关主要进出口商品情况，同时你还可以从海关那里找一份列有商品进出口关税的文件。如果你有意做跨境进口电商项目，那么寻找那些进口关税低的商品比较有优势。

（5）与电商相关的服务业。你可以了解当地电商物流配送及电商产品包装、专利申请等情况，在电商快速发展过程中，其相关服务行业也会存在很多机会。

你可以利用互联网或通过实地调研，完成表 4-2。

表 4-2　　环境调查结果分析表

周围环境	调查结果	电商创业项目
自然资源		
居民的能力和技能		

续表

周围环境	调查结果	电商创业项目
工商业发展状况		
进出口状况		
与电商相关的服务业		

3. 改进 / 创新现有的产品或服务

回想一下你自己的购物体验，也可以调研你身边的人，了解他们在购买和使用某些商品或服务时是否遇到过困扰或麻烦，或有更多的期待和需求。你可以打开思路，基于实际购物过程中这些不愉快的购物体验，从如何解决人们的实际问题和满足人们更多期待和需求的角度去寻找商机。创业灵感有时就隐藏在这些购物体验中，如图 4-3 所示，你可以尝试对现有商品进行改进和创新从而寻找到更多不同电商创业项目。

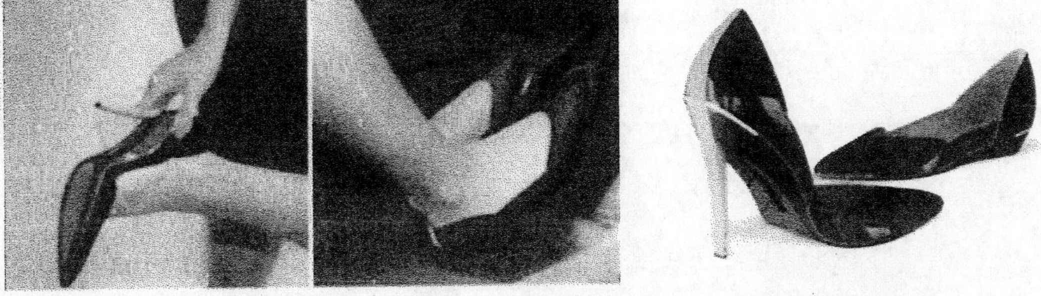

图 4-3　创新现有商品示例

结合你的经验和你关注到的客户需求，以及你的调查分析，可以从表 4-3 所示的几个方向进行分析，记录下你的创新思路。

表 4-3 改进 / 创新现有产品或服务分析

分析方向	分析结果	备选的电商创业项目或创业方向
开发一种替代产品或服务，利用电商平台进行销售		
对现有资源进行再度开发，如将特色农产品整合包装后统一进行销售等		
为现有产品或服务寻找新的细分市场或销售渠道，重心从“大而全”逐步向“小而美”“个性化”“定制化”转移		
创新性改善现有的产品或服务，填补市场空白		
对现有产品或服务的线上、线下销售渠道进行拓展、延伸或创新		

案例 4-1

小辉如何寻找电商创业项目

小辉在选择电商创业项目时进行了一番调研和分析，选出了一些自己可以从事的电商创业项目或创业方向，见表 4-4。

表 4-4 寻找电商创业项目分析表

寻找的方法	分析过程	备选的电商创业项目或创业方向
自身资源分析	1. 做过微商且有盈利，对电商比较了解 2. 从事计算机相关技能培训 3. 亲戚是一家幼儿针织品生产企业的负责人，该企业的产品质量不错，品牌已有一定的影响力，可解决货源问题 4. 爱人从事英语教学工作 5. 与客户沟通能力比较强	1. 开办电商培训机构，提供电商相关知识和技能的培训 2. 选择某个或多个电商平台销售幼儿针织品 3. 为欧洲、美洲和东南亚部分国家提供质优价廉的针织品
调查所处环境	1. 当地针织品产业比较发达，但网络营销都不是很专业，有接受相关培训的需求 2. 当地的物流市场不够成熟，快递服务水平亟须提高	1. 为当地企业提供网络营销代理服务 2. 创办一家快递公司 3. 为本地企业提供电商升级服务，如产品和包装的设计和优化等
改进 / 创新现有商品或服务分析	幼儿针织品市场同质化严重，产品设计缺乏新意，而且不擅长互联网产品的包装	1. 设计和生产更符合当地幼儿需要的针织品，在国内电商平台上进行销售 2. 提供产品和包装的设计及优化服务

二、筛选你的电商创业项目

通过自身资源分析、调查所处的环境和改进 / 创新现有产品或服务三种方法，你可能找到了许多可以尝试的电商创业项目。将这些项目填入表 4-5 中，并试着从产品、需求和实施三个方面描述每个电商创业项目，以便筛选出更适合你的项目。

在这个过程中你可以随时增加表 4-5 的行数，先不用考虑自己是否具备足够的优势去实现这些项目，把你想到的所有电商创业项目的信息全部填到表格中，另外你也可以和你的家人、朋友、同事甚至陌生人交流一下，或许会激发出更多的创业灵感。

表 4-5　　我的电商创业项目一览表

序号	项目名称	项目简要描述	筛选结果
1			
2			
3			
4			
5			
6			
7			
8			
9			
10			

现在，如果你列出的电商创业项目非常多，这对于将要创业的你来说是个非常好的开始。相反，如果数量不足 10 个，就说明你在寻找电商创业项目时一定忽略了某些细节，此时你需要重新循着寻找电商创业项目的途径和方法发掘更多的电商创业项目。

待找到足够多的电商创业项目后，你要认真对比并分析每一个项目，你可以从以下四个方面着手分析，如图 4-4 所示，从中筛选出优质且适合你的 5~8 个项目。

（一）利润空间

产品或服务只能以客户能接受的价格被售出。如果你能将成本控制得更低或目前市场中同类产品或服务的销售价格普遍偏高，那么你就拥有更大的利润空间。

（二）市场潜力

技术的更新及客户消费观念的改变很可能给某类产品及服务带来“井喷”式的需求增长，如果你销售的产品或服务能够满足更多客户的潜在需求，则代表你所选择的创业项目具有很大的市场潜力。

（三）商品生命周期

刚上市的商品往往知名度不高，商品的功能仍需不断完善，这样的商品常常需要很长一段时间的导入期才能被大众市场所认可。这就需要商家有更多的耐心与充足的资金做好长期进行市场推广的准备。处于衰退期的商品可能因为环境等因素的变化而渐渐难以满足客户需求，面临退出市场的窘境。而如果你销售的商品正处于成长期，则意味着你已经拥有大量稳定的客户需求。

（四）持续供货能力

任何项目都必须保证能够在未来的市场中实现持续经营，原材料的及时供应或转销商品的有效保障将打消你在市场经营过程中的“后顾之忧”。如果你销售的商品属于稀缺资源，或者属于季节性供应而又不易存储的商品，你就更加需要具备持续的供货能力，否则你将因难以应对突发的大批量订单而失去宝贵的市场机遇。持续的供货能力是你抓住市场机遇并能长久经营的重要保障。

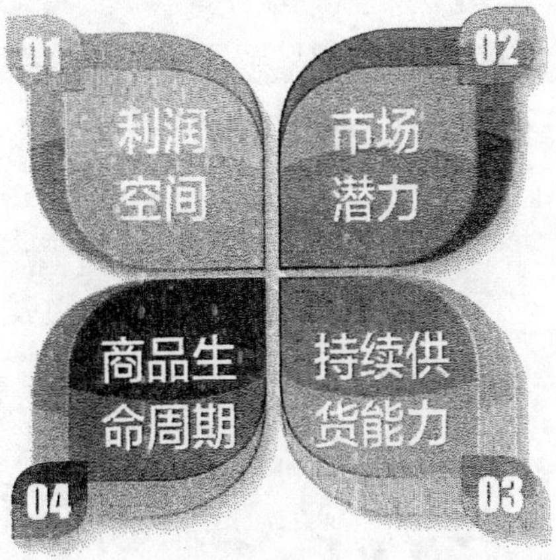

图 4-4　筛选电商创业项目的四个方面

三、分析并确定你的电商创业项目

每位电商创业者的经历、资源和资金都是有限的，所以你必须对你筛选出的 5~8 个优质项目做进一步的分析，以便筛选出真正适合你的创业项目。

（一）数据分析

任何一个电商项目在运营过程中都会产生大量数据，这些数据是创业者做出各种决策的依据。在你今后的创业学习和实践过程中，每个阶段的决策都离不开数据分析的支持。数据分析过程一般包含收集数据、处理数据和分析数据三个步骤。

1. 收集数据

数据的来源有很多，你可以通过专业的数据库和出版物得到有用的数据，也可以利用主流电商平台或各种互联网搜索工具（如百度指数、网络爬虫等）进行查找，如果情况允许，你还可以通过实地调研来获得你想要的有用信息。

（1）专业数据库、出版物

目前，可用于收集数据的公开数据库有国家数据、中国统计信息网等。利用国家及地区统计局网站、政府机构网站、行业组织网站等，是最常用的数据获取方式。而《中国统计年鉴》《中国社会统计年鉴》《中国人口统计年鉴》《世界经济年鉴》和互联网发展报告等统计年鉴或报告是很常用的公开出版物，具有一定的权威性。

（2）主流电商平台

大多数电商平台都会统计该平台上的各种交易数据，这些数据有些是免费查看的，而有些则要付费获取。主流电商平台因商家数量、成交体量和访问人数等都比较多，所提供的数据往往更具有权威性，更能看到市场大盘及行情的变化趋势。

（3）互联网搜索工具

随着互联网的发展，网络上发布的数据也越来越多，特别是专业的搜索引擎和商业搜索网站可以帮助你快速找到所需要的数据，例如，百度指数、搜数网、艾瑞咨询等。另外，你也可以到专门的网络爬虫网站下载相应的软件来获取大量的数据，如八爪鱼、造数等。需要注意的是，有些爬虫软件可免费使用，而有些则需要付费才能使用全部功能，你可以酌情选择。

（4）实地调研

收集数据时，除了通过以上两种方式获得大量相关数据外，你还可以尝试使用实地调研的方法收集用户的想法和需求数据。实地调研是指运用科学的方法，有目的、有系统地收集、记录、整理有关市场营销的信息和资料，分析市场情况，了解市场现状及发展趋势，为市场预测和营销决策提供客观、正确的数据资料。实地调研可以弥补其他数据收集方式的不足。

2. 整理数据

杂乱的数据并不能为你带来有效的价值，你需要对获取的大量数据进行整理分类并找到数据背后隐藏的重要信息，以便发现电商的内在规律，从而做出正确的决策。数据的分类方式有许多种，一般情况下你收集并分析的数据主要包括营销推广数据、流量数据、客户特性数据、交易及服务数据、行业数据、商品数据等。

小贴士

常见的电商数据

（1）营销推广数据。主要包括营销推广形式及费用、覆盖用户数、到达用户数、打开或点击用户数、客户分享数等。

（2）流量数据。主要包括流量来源、流量分布、浏览量、访客量、登录时间、在线时长、浏览时长等。

（3）客户特性数据。主要包括客户地域分布、客户年龄分布、真实性别、客户等级、登录频次、客户终端偏好、支付方式分布、客户咨询情况等。

（4）交易及服务数据。包括交易金额、交易数量、交易人数、交易类目销量、交易平台分布、交易时间分布、退换货情况等。

（5）行业数据。包括行业发展规模、关键词排名、店铺排名、市场竞争分布、供应链服务行业、经营风险等。

（6）商品数据。包括商品品类分布、上架商品总数量、商品月销量、上架商品价格分布、不同品类商品的均价等。

无论如何你都要确保这些数据的有效性，即它们是全面的、准确的并能够反映真实客观情况的，这些数据将成为你进行分析研究的基础。同时，你在整理和归类时还要判断哪些数据对于你所选择的电商创业项目是至关重要的核心数据，这样做便于你在后面有侧重地对数据进行分析，并帮助你做出正确的选择。

3. 分析数据

你在利用数据进行分析时，不仅要对其进行统计和描述，更要从表面数据中发现规律，找到问题的本质，然后针对适合你的电商创业项目进行归纳和总结。

在数据分析的过程中你需要不断地针对每个项目的相关数据进行比较、分解以及重新组合，分别从更多的视角进行评估，并最终做出正确的项目决策，如图 4-5 所示。常见的数据分析方法有归类分析法、关联分析法等。在这个过程中你可能会推翻前面对自己项目做出的判断，也可能会发现项目新的价值点，因此你需要随时退回到收集数据和整理数据的阶段，在重复上述两个步骤的工作后重新进行数据分析，以确保分析结果的准确性和客观性，并最终确定对你自己来说最佳的电商创业项目。

在所有数据收集完毕后，你可以利用表 4-6 完成数据整理分析工作。

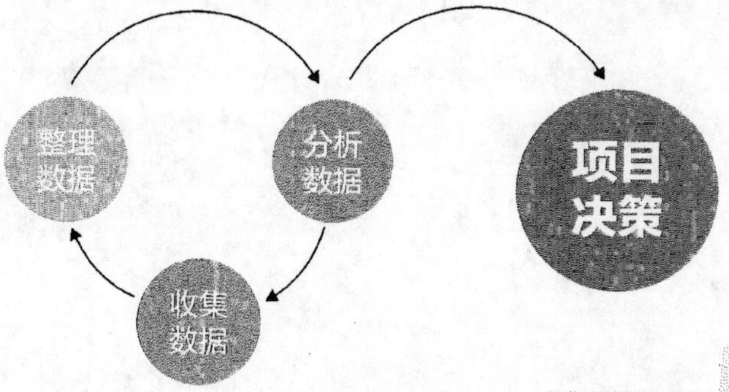

图 4-5　项目的数据分析

表 4-6　　电商创业项目数据分析表

项目名称	项目相关数据	项目简要分析	分析结果

（二）SWOT 分析

1. 什么是 SWOT 分析

SWOT 分析是用来分析评估电商创业项目自身的竞争优势（strengths）、竞争劣势

（weaknesses）、机会（opportunities）和威胁（threats），从而将电商创业项目内部资源、外部环境有机结合起来的一种科学分析方法，如图 4-6 所示。

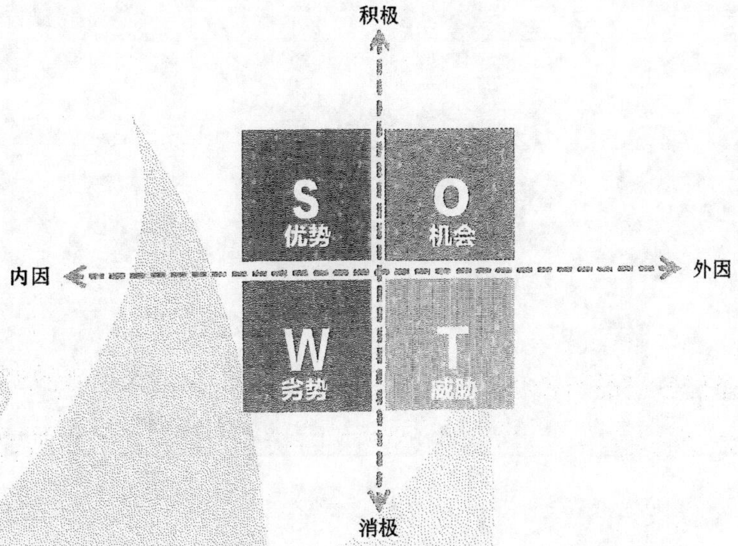

图 4-6　SWOT 分析象限图

优势和劣势是存在于电商创业项目内部的你可以改变的因素。

● 优势是指你创办电商企业的有利因素。例如，你希望销售的商品质量比竞争对手的好，你的店铺能够获得很多的流量，你的美工技术水平很高等。

● 劣势是指你创办电商企业不太擅长的方面。例如，你没有足够的资金按照自己的意愿做推广活动，你无法像竞争对手那样提供综合性的系列服务等。

机会和威胁是存在于电商创业项目外部的你无法施加影响的因素。

● 机会是指外部存在的对你计划创办的电商企业有利的事情。例如，你将销售的商品越来越流行，你将销售的商品有较好的市场推广基础等。

● 威胁是指外部存在的对你计划创办的电商企业不利的事情。例如，你的竞争对手很多，你所在的地区位置偏远，快递物流成本太高等。

2. 完成你的 SWOT 分析

按照表 4-7 所示的步骤，分别对你寻找的每个电商创业项目进行 SWOT 分析。

表 4-7　　SWOT 分析

电商创业项目：________

内部	S 优势：
	W 劣势：
外部	O 机会：
	T 威胁：

做完 SWOT 分析后，通常会得出四种不同类型的组合结果，它们分别是 SO、WO、ST、WT。现在，请按照图 4-7 所示的筛选过程做出取舍。

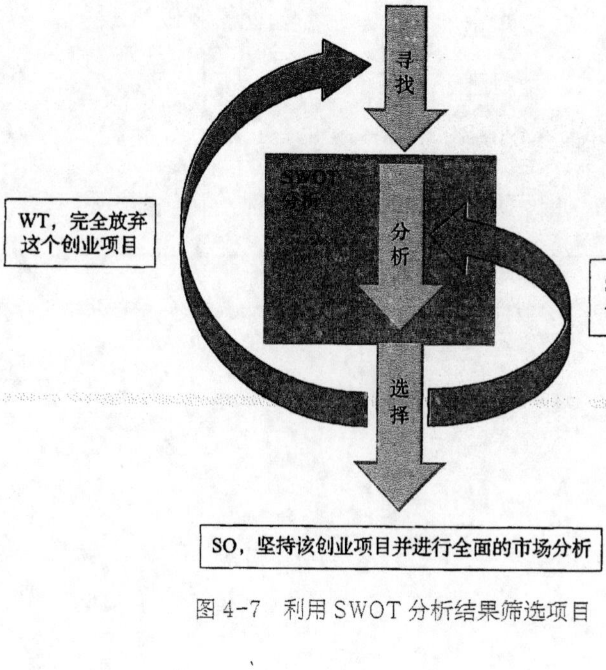

图 4-7　利用 SWOT 分析结果筛选项目

案例 4-2

小辉如何选择电商创业项目

通过对电商创业项目进行数据分析和 SWOT 分析，小辉认为针对幼儿的针织品跨境电商项目，自己具备的优势比较多，这让他十分兴奋。

目前国内各大电商平台中的针织品销售店铺数量庞大，市场竞争十分激烈，小辉要想在这种环境下立足难度很大。而且，因为国内电商平台上销售的针织品数量和种类繁多，大多数店铺很难把质量上好的针织品卖出好价格。

而通过对百度、全球速卖通等跨境电商平台上同类商品销售情况的调查分析，小辉发现将国内优质针织品销往国外的店铺还不是很多，并且有调查显示，许多境外客户对来自中国的针织品都很感兴趣，只是苦于周围销售的店铺不多，品质也参差不齐，可选择的余地不大。这对于计算机操作水平颇高而爱人又精通外语的小辉来说是个非常难得的市场机会。与此同时，小辉也清醒地认识到，自己从未迈出过国门，对于国外市场了解不多，而且跨境物流费用较国内快递高出许多，且运输时间长，途中还可能发生各种不可预知的变故，这让兴奋不已的小辉多少有些担忧。

经过反复考虑，小辉坚信自己能够正确面对这些困难，通过不断探索和实践，一定会闯出一条属于自己的跨境电商创业之路。他认为现阶段自己需要尽快建立几个相对稳定的国外合作方，以减少交易中的风险。

到目前为止，经过分析与筛选，你也许已经从众多的电商创业项目中找到了最适合你的那个项目，接下来你需要填写表 4-8，以此项目为基础进行详细的市场分析。

表 4-8　　电商创业项目描述

类别	项目描述
项目名称	

续表

类别	项目描述
产品或服务	
客户需求	
客户描述	
如何满足客户需求	
核心优势	
合作资源	

第五步　市场分析

对于电商创业者而言，市场是项目实施的关键。在激烈的市场竞争中，如何做到“运筹帷幄之中，决胜千里之外”，在很大程度上取决于你能否做好市场分析。

电商创业项目的市场分析可以借鉴实体创业的市场调查，但是必须结合互联网信息的整合、共享、迭代等特点，借助大数据对创业项目开展客户分析、竞争对手分析和商品定位等活动。

一、认识市场环境

电商企业的运营过程与实体企业一样，都会受到市场环境的影响和制约，只有与市场环境变化相适应、相协调，企业才能顺利开展经营活动，并实现经营目标。市场环境是对企业经营活动产生重要影响的各类可控因素与不可控因素的总称。进行市场分析时，你首先要对将要创业的市场环境有一个正确认识，以便在客户分析和竞争对手分析时做出正确的判断，最终明确市场定位。你需要了解的市场环境主要包括政策和法律环境、经济和技术环境，以及供应链和行业竞争环境三个方面。

（一）政策和法律环境

随着电子商务的深入发展，国家与地方政府正在通过多种方式逐步推动其规范化经营。这里特别要关注的是 2019 年 1 月 1 日起施行的《中华人民共和国电子商务法》，它对电子商务经营主体、经营行为、合同、快递物流、电子支付等多个电商运营环节进行了界定和约束。你要深入分析自己的创业项目是否符合国家的相关法律和产业发展政策要求，知法、懂法、守法，依法创立及经营企业。

（二）经济和技术环境

企业的生存环境是市场，一个国家或地区经济的发展和技术的进步对该国家或地区的市场环境具有非常重要的影响。你要了解自己拟创业区域或地区的经济条件、经济特征、就业状况、国民生产总值变化趋势等。

（三）供应链和行业竞争环境

任何一家企业都是供应链条中的一环，链接着上游供应商和下游购买者，与此同时，你还要清楚，这个环节的企业有很多，你的企业要面对各种竞争对手的挑战。这些竞争对手的强弱与多少会直接影响你的企业与它们的相处方式以及企业未来的发展。你要明确自己的企业在供应链中所处的位置，并能够根据竞争环境做出正确的市场决策。

二、客户分析

在电商企业运营过程中，因市场需求具有多样性和复杂性，所以任何规模的企业都不可能满足所有客户对某种产品或服务的全部需求。要想成功运营一家电商企业，你不仅要明确为什么样的需求服务，更要明确为谁的需求服务。在初步确定创业项目后，你需要解决“把产品或服务卖给谁”的问题，也就是确定企业的客户群体。然后通过各种调查和研究手段分析客户的年龄分布、职业特征、收入水平、购买偏好等相关指标，得出客户群体与特定产品或服务的关联性，进而以客户为中心，从客户对产品或服务的功能需求、服务需求、体验需求等要素出发，不断完善你的产品或服务。

（一）谁是你的客户

你的客户通常是指企业产品或服务的潜在或已有的购买者或使用者。电商创业者基于自身能力和市场定位向特定的客户提供具有特定功能和价值的产品或服务，这些产品或服务的购买者或使用者就是你的客户。

（二）细分客户

所谓客户细分，就是通过市场调研，依据客户属性、需求、购买行为和购买习惯等方面的明显差异，把某一产品或服务的整体市场划分为若干客户群的市场分类过程。客户细分的客观基础是同一产品或服务消费需求的多样性。例如，你的一部分客户常常会被产品或服务的买赠、包邮等优惠活动所吸引，而一部分客户更关注你售卖产品或服务的价格是否更低，还有一部分客户则更关注品牌和质量，你可以利用这样的信息对你的客户群体进行细分，以便更加精准、有效地开展推广活动。

很多企业尤其是电商企业会利用大数据分析技术，通过性别、年龄、职业、消费偏好等维度对客户群体进行自动化、规模化地细分，如图 5-1 所示。在对你的客户通过多维度重叠聚焦后，你的目标客户将变得更为清晰、准确。

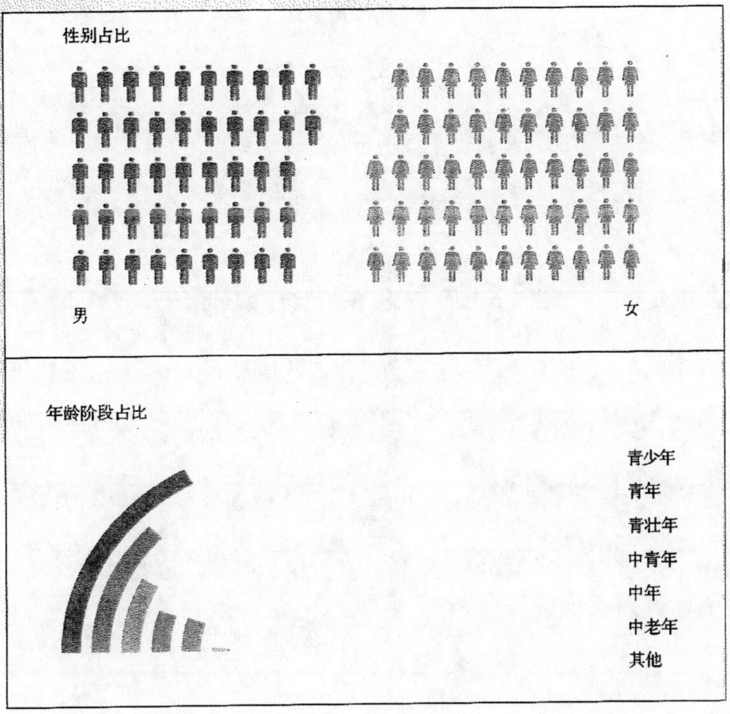

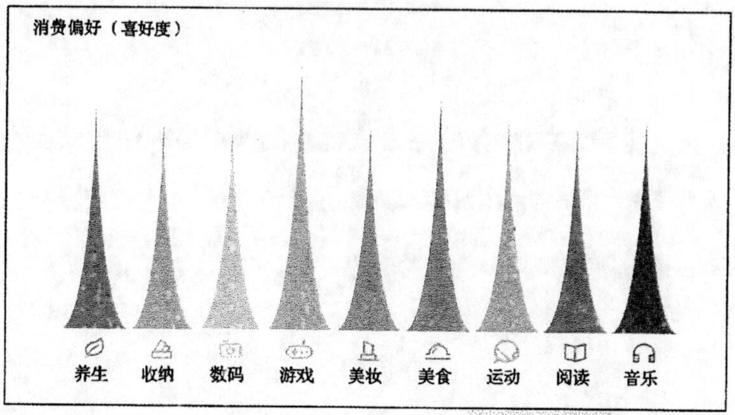

图 5-1　利用大数据分析技术对客户群体进行细分

通过细分客户，你可以了解哪些是企业的忠诚客户，哪些是企业的潜在客户，哪些客户的成长性最好，哪些客户最容易流失等，如图 5-2 所示，以便有针对性地做出应对。

图 5-2　细分客户分类举例

当然，细分客户的方式和维度很多，你还可以通过数据分析工具，如阿里指数、百度指数、生意参谋等，深度分析目标客户的详细状况，如图 5-3 所示。

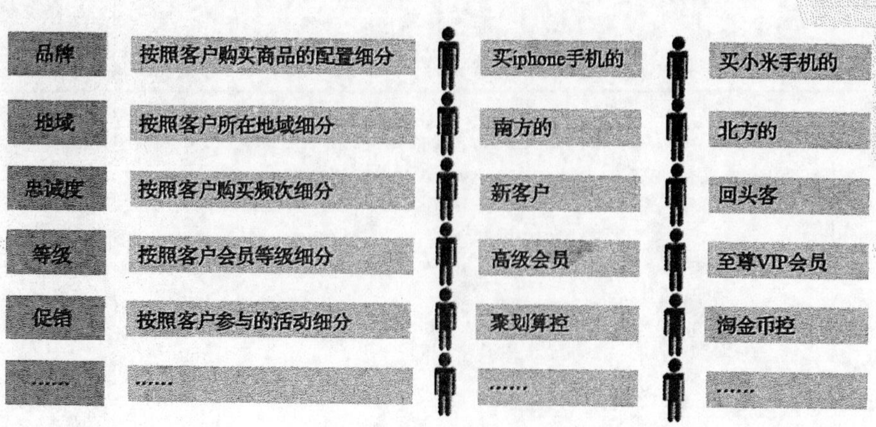

图 5-3　细分客户的维度

现在，你可以针对你计划销售的产品或服务进行目标客户细分了，完成表 5-1。

表 5-1　**细分客户**

细分维度	分析过程及结果
品牌	
地域	
忠诚度	
等级	
促销	

（三）确定目标客户

在电商领域，关心和咨询商品的人很多，而真正购买商品的却只是其中很少的一部分人。你必须综合考虑项目和你自身的实际情况，做出正确的目标客户定位。你可以试着思考并回答以下问题：

- 客户为什么需要你的产品或服务，而不是其他同类产品或服务？
- 客户要求的服务有哪些？你是否具备提供这些服务的能力？
- 客户愿意为这种产品或服务支付多少钱？客户所接受的价格与你预想的有什么区别？
- 客户的忠诚度和重复购买度如何？

你可以从以下四个维度来选择并定位你的目标客户，如图 5-4 所示。

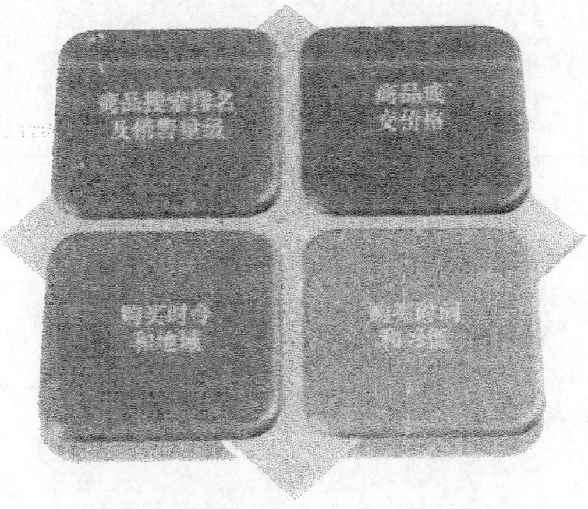

图 5-4　确定目标客户的四个维度

1. 商品搜索排名及销售量级

只有在客户的需求达到一定量后，你才可能盈利。你可以通过商品搜索排名和销售量级的查询来确定目标客户对该商品的需求总量，据此相对准确地判断市场容量和未来的市场占有率。

2. 商品成交价格

目标客户能够接受的商品价格决定了你能否持续经营下去，以及你是否有足够的利润空间进行未来的推广。另外，目标客户对商品价格的敏感度也决定着商品的成交价格。

3. 购买时令和地域

客户选购某类商品往往带有明显的时令特征，例如，注重养生的客户大都冬季吃枸杞，因而每年枸杞的销售高峰集中在冬季。地域的影响更是如此，例如，购买临安山核桃的人群主要集中在浙江、上海，以及北京、天津的小部分地区，其他地区购买临安山核桃的人很少，有些地区的人甚至难以区分核桃与山核桃。

4. 购买时间和习惯

你必须了解目标客户的购买时间和习惯，据此策划你的商品推广活动及商品上架时间等。例如，在电商领域有的类目中午 11 时迎来销售高峰，有的类目下午 4 时迎来销售高峰，也有的类目每晚 9 时到达销售顶峰。再如，销售羽绒服的店铺往往会在商品销售高峰期到来前的 2 个月做上架准备。

案例 5-1

小辉分析目标客户

在确定了自己的电商创业项目后，小辉立即着手进行目标客户分析。

小辉很清楚他售卖的针织品适合 1~6 岁的儿童穿着，价格水平在国外属于中等。另外，他售卖的针织品款式新颖，与欧美最新流行风尚接轨。小辉的爱人英语水平很高，与欧美客户交流没有障碍。综合上述分析，小辉决定将目标客户定位在欧美地区对 1~6 岁儿童针织品有需求的中产家庭。

小辉把他的想法告诉了一位已定居欧洲多年做贸易的朋友，从朋友那里他得知欧美地区有 1~6 岁儿童的中产家庭数量较多，对小辉店铺所提供的针织品需求量可能会比较大。而且，国外市场中中国产针织品的实际售价远比小辉预计的价格要高。这样一来，小辉更加坚定了自己的目标客户定位，对店铺经营充满信心。

请对你的目标客户进行分析，并填写表 5-2。

表 5-2　　目标客户描述与分析表

项目	目标客户描述与分析
基本属性	（性别、年龄、职业等）
消费需求	（购买习惯和偏好等）
购买能力	（收入及购买力、购买频次和渠道等）
兴趣爱好	（品牌偏好、个人兴趣等）
社交属性	（社会阶层、社交媒体、活跃场景等）

三、竞争对手分析

（一）什么是竞争对手

竞争对手通常是拥有与你的企业相同或相似资源（资金、产品、渠道、品牌等），与你的企业有共同的目标客户，可能对你的企业造成一定利益冲击的企业。

从经营品类和市场定位的角度分析，可以将竞争对手划分为直接竞争对手、间接竞争对手、潜在竞争对手三类，见表 5-3。

表 5-3 竞争对手分类

分类	描述
直接竞争对手	生产经营同品类、同品种的产品，与本企业角逐共同目标市场，构成直接竞争关系的企业，其生产经营活动在很大程度上直接影响本企业的市场占有率
间接竞争对手	一是商业模式、产品定位、市场定位、销售策略等与本企业类似但又存在一定差异的企业，二是销售替代性或相似性产品的企业
潜在竞争对手	现阶段对本企业暂不构成威胁但仍存在潜在威胁的竞争对手，其威胁程度取决于行业准入门槛儿高低以及现有主体企业的反应程度

（二）分析竞争对手的维度

电商创业者可以从商品、店铺内容、店铺排名以及营销推广方式等维度来分析竞争对手。

1. 分析竞争对手的商品，包括商品迭代、进货渠道、二次包装等。

2. 分析竞争对手的店铺内容，包括装修设计、产品分类、服务承诺、主图描述等。

3. 分析竞争对手的店铺排名，包括店铺整体排名和关键字搜索排名等。

4. 分析竞争对手的营销推广方式，包括客户体验、媒体广告投放等。

（三）确定竞争对手

案例 5-2

小辉分析竞争对手

在确定了目标客户之后，小辉立即和爱人一起通过互联网搜索了各大跨境电商平台中销售儿童针织品的店铺，并从中筛选出几家目标客户定位及售卖商品与自己项目非常相似的竞争对手。对比分析后小辉发现，在商品迭代、进货渠道和商品包装上，因为有亲戚的大力支持，自己的竞争优势较为明显；但在店铺装修设计和店铺排名上，自己的店铺则要明显落后于当前的竞争对手；在营销推广方式上，自己在这方面比较有思路，通过后期不断的调研与调整，一定能与当前竞争对手平分秋色。

针对你所选择的电商创业项目进行竞争对手分析，填写表5-4，最终确定竞争对手。

表5-4　　竞争对手分析表

分析维度	我的项目	竞争对手1	竞争对手2	我的竞争策略
商品				
店铺内容				
店铺排名				
营销推广方式				
其他				

四、市场定位

通过目标客户分析和竞争对手分析，你对自己所选择的电商创业项目有了更加深入的认识，未来的电商创业之路也变得更加清晰。此时，你有必要针对目标客户的需求，结合自身实际，参考竞争对手的情况进行初步的市场定位，以便在市场竞争中占有一席之地。

所谓市场定位，就是根据竞争对手现有产品或服务在市场上所处的位置，针对目标客户对该产品或服务某种特征或属性的重视程度，强有力地塑造出本企业产品或服务与众不同的、让人印象鲜明的个性化形象，并把这种个性化形象生动地传递给目标客户，从而为该产品或服务在市场上确定适当的位置。简言之，市场定位就是确定产品或服务在市场中的位置，这种位置取决于目标客户怎样认识这种产品或服务。

对于一个电商创业项目而言，市场定位主要取决于客户、产品或服务、竞争对手和企业四个方面，即客户的需求、产品或服务的特性、竞争对手的优势、企业的创新意识和能力。因此，你需要回答四个方面的问题：

1. 你的目标客户分别归属于哪些群体？他们的需求是什么？

2. 你提供的产品或服务有哪些？这些产品或服务能否满足目标客户的需求并激励他们

持续购买？

3. 你的竞争对手的优势体现在哪些方面？你怎么做才能在竞争中取胜？

4. 你的企业有创新意识和能力吗？在产品或服务的开发方面，你找到了哪些可以创新的地方以便更好地满足目标客户需求？

案例 5-3

小辉进行市场定位

通过分析目标客户及竞争对手，小辉对自己选择的跨境电商创业项目越来越有信心。在综合前面的分析结果后，小辉开始认真思考自己的市场定位。他决定，现阶段首先向对1~6岁儿童针织品有需求的欧美地区中产家庭提供朴素、质优、价廉的儿童时尚毛衫产品，以满足客户对大众化、品质化时尚商品的需求；然后针对部分客户的特殊需求进行个性化定制，并开展儿童帽子、围巾等相关配套产品的延伸销售。小辉认为这样势必能在部分欧美国家开拓出一片中国儿童优质、时尚针织品的销售新市场。此外，小辉还打算在国外建立良好口碑后，转向国内市场走品牌化经营之路。

依照实际情况完成表5-5，做出你的市场定位。切记进行客观分析，不要盲目乐观或自信。

表 5-5　　市场定位分析表

我的项目名称：________________

定位的维度		分析及描述
市场定位	目标客户定位（年龄、客户群画像）	
	主要竞争对手描述及其竞争策略分析	
	产品定位（核心产品、服务、价格、创新）	
未来的创新方向		

目前你已经有了一个相对客观的市场定位，接下来你可以尝试依据表 5-5 中填写的内容逐步确定你未来运营店铺的相关信息。当然，也许你现在还无法确定表 5-6 中的全部内容，没关系，先填写你能够完成的内容，在学习后面步骤中开办准备、运营管理等内容后，你就可以逐渐确定并完成其他内容。

表 5-6　　　　店铺初步定位表

拟订店铺名称	
店铺简介	
店铺特色	
主要产品类型	
拟定经营地址（具体地址）	______省______市______区______________________
拟订货源渠道	□线下批发市场　□分销 / 代销　□实体店拿货 □自己生产　□代工生产　□自由公司渠道 □未确定

第六步　开办准备

在前面的学习中，你已经了解了网络创业的现状和发展趋势，也确定了你所要做的项目并进行了市场分析，现在你要明确开办前需完成的准备工作，主要包括选择电商平台、组织货源、组建团队等。俗话说：凡事预则立，不预则废。了解并做好开办前的准备工作，你的创业将事半功倍。

一、选择电商平台

（一）了解电商平台

电商平台是一个供企业或个人进行网络洽谈和交易的平台，是协调和整合信息流、物流以及资金流有序、高效、关联流动的重要场所。企业、个人可以充分利用电商平台所提供的网络基础设施、支付功能、安全功能和管理功能等有效开展商业活动。

电商平台的数量众多，基于自身盈利模式和运营特点的不同，每个电商平台的综合实力、入驻条件、用户流量、服务群体及其针对商家的服务能力等都会有差异。因此，你在决定入驻某个电商平台开启你的电商创业之旅前，应对现有主流电商平台做充分的调研，综合自身项目特点、所属行业以及个人能力和资源等因素进行认真分析后决定是在某个还是在多个电商平台上进行创业。对于入驻条件，你可以去所选择的电商平台进行查询。

（二）明确电商平台规则

各电商平台为打造透明、诚信、平等、分享、责任、和谐的新商业环境，保障平台的正常运作和平台用户的合法权益，均出台了相应的平台规则。这些规则通常分为准入规则、营销规则、交易规则和处罚规则四类，涵盖了从注册到交易完成整个过程中针对绝大多数可能遇到问题的处理规则。俗话说："没有规矩，不成方圆。"电商平台的规则是指导你更好地开展电商创业活动的重要法宝。既然你决定在电商平台上进行创业，那么，你就需要了解并遵守相关的法律法规及电商平台规则，否则你将会受到相应的惩罚。

案例

违规宣传，被罚 1.5 万元

叶先生注册了一家科技公司，公司在某电商平台上开了一家网店，主要销售电子产品、手机充电器、充电宝等商品，生意一直很好。一天，他突然接到市场监管部门打来的电话，说是要对网店中一款充电宝的销售情况进行调查。这款充电宝原价 138 元，出于经营考虑，叶先生对其进行了促销，促销价格定为 38 元，叶先生将促销价格标注在商品主图上，并在价格的后面标注了"最后一天"四个字。在近一个月的时间里，这四个字一直被标注在价格后。有消费者将此事投诉到了市场监管部门，称叶先生的网店多日都标注"最后一天"的做法存在欺诈嫌疑。市场监管部门经过调查认为叶先生的销售行为违反了《中华人民共和国反不正当竞争法》相关规定，做出了相应的处罚。

注：《中华人民共和国反不正当竞争法》第八条规定，经营者不得对其商品的性能、功能、质量、销售情况、用户评价、曾获荣誉等作虚假或引人误解的商业宣传，欺骗、误导消费者。

各电商平台在定位和业务范围上存在差异，所制定的规则也会有所不同，但其重要规则是一致的，归纳起来，主要包括六个方面。

1. 禁止发布违禁商品或信息

你在电商平台上发布商品或信息前，务必确保所发布的商品或信息符合规定，不发布违禁商品或信息。很多电商平台均对以下类别中的违禁商品或信息做了详细说明：仿真枪、军警用品、危险武器类，易燃易爆品、有毒化学品、毒品类，反动的破坏性信息类，色情低俗、催情用品类，涉及人身安全、隐私类，药品、医疗器械类，非法服务、票证类，动植物、动植物器官及动物捕杀工具类，涉及盗取等非法所得及非法用途软件、工具或设备类，未经允许违反国家行政法规或不适宜交易的商品类，虚拟类，超标商品类，特许经营商品类，其他类。而且，各电商平台针对卖家发布违禁商品和信息的行为，也制定了非常详细的处罚措施。

小贴士

1. 卖家不能将违禁商品或信息发布在电商平台的任何区块，包括但不限于商品页面、店铺页面以及平台社区或论坛等。

2. 发布违禁商品或信息对于卖家的影响是非常恶劣的，因此，建议你在电商平台上创业之前仔细阅读相关规则。

2. 禁止进行虚假交易

虚假交易，是指卖家通过虚构或隐瞒交易事实、规避或恶意利用信用记录规则、干扰或妨害信用记录秩序等不正当方式获取虚假的商品销售量、店铺评分、商品评论等，妨害买家购物权益的行为。

针对涉嫌虚假交易的店铺和商品，电商平台会采取相应的举措。例如，淘宝平台会根据情节严重程度做出删除因虚假交易产生的商品销量、卖家店铺评分、信用积分、商品评论，下架店铺内商品等处罚，有的甚至会对涉嫌虚假交易的商品进行搜索降权等处理。

3. 禁止滥发信息

滥发信息，是指卖家不按电商平台规则及电商平台发布的其他管理（包括但不限于规范、类目管理标准、行业标准等）要求发布商品或信息，妨害买家权益的行为，如滥发广告信息、发布的信息与实际不符、发布的信息重复、商品要素不一致等。

针对滥发信息的行为，电商平台会根据情节轻重采取删除相关信息、下架或删除相关商品、删除店铺、清除店铺装修、单个商品搜索降权、单个商品搜索屏蔽、店铺屏蔽甚至关闭店铺等处罚措施。

如图 6-1 所示，卖家将不同颜色的同种商品分别发布到电商平台中，电商平台通常会将此种行为认定为重复铺货，归类于滥发信息行为。

图 6-1　滥发信息行为示例

4. 不得违背承诺

违背承诺，是指卖家未按照约定向买家提供承诺的服务，妨害买家权益的行为。针对违背承诺的行为，电商平台一般会采取扣减店铺积分、要求卖家履行承诺或承担违约金等行为，以保障买家权益。图 6-2 中列举了部分常见的违背承诺的场景。

5. 描述不可不符

描述不符，是指买家收到的商品或经电商平台官方抽检的商品与卖家对商品的描述不相符，如卖家未对商品瑕疵、保质期、附带品等必须说明的信息进行说明，妨害了买家的权益。

针对描述不符的行为，电商平台一般会采取扣减店铺积分、删除商品信息等处罚措施，以保障买家的权益。

6. 禁止不当使用他人权利

不当使用他人权利，是指卖家的行为侵犯了他人的合法权益。例如，卖家发布的商品

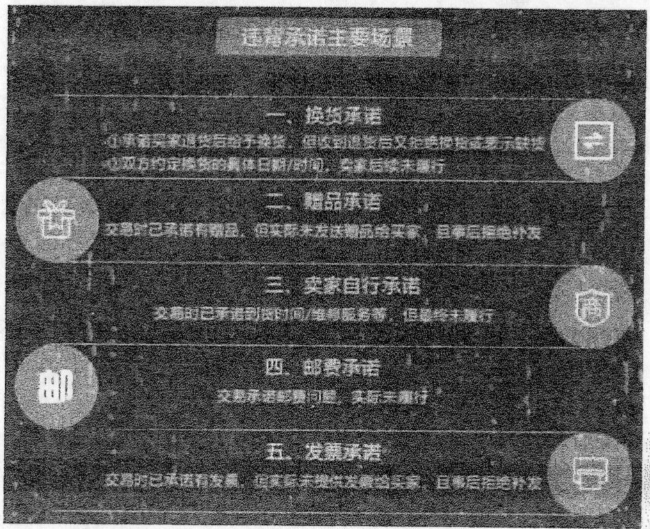

图 6-2　违背承诺行为示例

信息或使用的店铺名、域名等侵犯了他人的商标权、著作权等权利，卖家出售的商品涉嫌侵犯他人商标权、著作权、专利权等权利，卖家发布的商品信息或使用的其他信息易造成消费者混淆、误认或造成不正当竞争等。

针对不当使用他人权利的行为，电商平台视情节严重程度会采取责令卖家下架相关商品或删除相关信息、限制发货、限制发布商品、全店监管、店铺屏蔽、关闭店铺、查封账户等处罚措施，以保障买家权益。

图 6-3 所示的商品主图中擅自使用了某明星同款的描述，属于典型的不当使用他人权利的行为。

图 6-3　不当使用他人权利示例

小贴士

需要特别说明的是，电商平台往往会根据实际需要对平台规则作不定时的调整或补充，你要及时了解和掌握电商平台规则的更新情况，避免因未知或不及时了解而触犯平台规则，造成不必要的影响和损失。

二、组织货源

货源，一般是指电商创业者进购某种商品的渠道。如果你在电商平台上销售的货物主要来自线下的实体厂家，那么，厂家、批发商就是你的货源。每一位电商创业者都想把自己店铺销售的商品打造成市场“热销商品”，也许你会认为只要懂营销，商品就能“热销”。但事实上，没有好的货源，就算你花费十倍的精力去推广，也未必能做到“热销”。

选择货源时，你要重点关注三个方面：一是供货稳定，它使你可以专注于电商创业；二是定位准确，它使你可以专注于打造店铺特色，提升店铺的核心竞争力；三是性价比高，这是电商企业能够不断发展的重要原动力。

（一）寻找货源

很多电商创业者在创业前期都是没有稳定货源的，他们需要通过各种渠道寻找符合自己需求的稳定货源。

1. 寻找货源的途径

一般而言，你可以通过以下两条途径进购所需要的货物。

（1）线上渠道。相对而言，线上渠道具有商品数量多、价格透明度高、采购流程简单、支付安全、运输成本较低等特点。目前常用的线上渠道主要有以下两种。

1）专业网络分销平台。所谓专业的网络分销平台，是指为商家提供代销、批发服务的平台或者是帮助商家快速找到分销商或成为供应商的平台。很多企业会在专业的网络分销平台上展示自己的企业或商品，以获得其他企业或个人的订单。这些平台为作为电商创业者的你提供了很大的选择空间，你可以到网上查询相应的网络分销平台，有针对性地进行选货。

2）第三方电商平台。所谓第三方电商平台，是指独立于商品的提供者和需求者之外，通过网络服务平台，按照特定的交易与服务规范，为买卖双方提供服务的平台。第三方电商平台上不仅有个人用户，也有很多经销商。经销商一般都有自己的货源，能够以较低的价格将商品批发出来，有些经销商还能帮你发货，省去你存货的成本。

（2）线下渠道。相对而言，线下渠道具有体验度高、易鉴别真伪和质量、可以面对面进行洽谈沟通、易鉴别商家实力等特点。目前常用的线下渠道主要有五种。

1）厂家货源。该渠道的优势在于你可以不经过经销商环节进货，进货成本可能较低。但是，厂家往往会要求你一次性购进数量较多的货物，这样一来，你的进货资金占用量就会高，作为刚开始电商创业的你需要权衡考量。

2）批发市场货源。该渠道具有品种多、可选择余地大等特点，在同一批发市场，经营同类商品的商家较多，你可以货比三家，议价后选择性价比较高的商家作为你的供应商。

3）做品牌代理商。如果你计划做品牌代理商，就需要考虑选择品牌的知名度和美誉度。一般而言，如果你能获得知名品牌商品的网络代理销售权，你的电商创业就具备了先天的优势。

4）代加工。你可能是某个品牌的拥有者，由于生产能力有限或限于资源条件，为增加产量和销量，赢得市场时间，你自己不直接生产产品，而是利用自己掌握的“核心技术”设计和开发新产品，控制销售，通过合同订购的方式委托其他同类产品生产厂家进行生产加工，所订购产品可以贴上自己的品牌商标进行销售。

5）自有货源。一般而言，自有货源在质量、成本控制等方面都比较有保证。

表 6-1 中列出了不同货源渠道的优、劣势，供你参考。

2. 评价货源

你可以从以下几个维度把握和确定货源。

（1）价格。在商品品质相同的前提下，如果供应商能够给你较低的价格，你在销售商品方面就占据了一定的先天优势。也就是说，在选择货源时，你需要考虑不同供应商给予你的价格和优惠力度等。

（2）品质。好的商品品质是确保电商创业成功的核心要素之一。但品质最优的商品不一定销售得最好，你需要综合考虑商品的品质和价格，权衡性价比。你要关注供应商提供

表 6-1　　各种货源渠道的优、劣势分析

寻找货源的途径	渠道类型	优势	劣势
线上渠道	专业网络分销平台	货品多，价格透明度高	商品体验度不高
	第三方电商平台	简单方便，库存成本低	利润较低、品质较难控制
线下渠道	厂家货源	进货成本较低	资金占用量高
	批发市场货源	品种多，选择余地大，更新快	容易断货，品质不易控制
	做品牌代理商	品牌支撑力度大，货源稳定，渠道正规，商品不易断货	更新慢，价格相对较高，不利于后续转型
	代加工	有品牌知名度	易受加工厂家生产能力影响
	自家货源	商品质量有保证，能较好地控制成本	易受自家生产能力影响

的样品，或者从其他采购者处了解他们对这一供应商及其商品的评价。

（3）市场。首先，你要考虑这个货源所提供的商品利润空间大小，只有利润空间大的商品才能使你在后续经营过程中获取更多的利润，而且有助于扩大你在促销方面的运作空间，提升市场竞争力。其次，你要考虑货源商品的市场热销程度。一般而言，热销程度低的商品容易造成库存积压，资金难以顺利流转，从而增加成本。最后，你要选择物流速度有保证的货源渠道。

（4）售后。选择货源时，为了能与供应商建立长期的合作关系，避免日后在电商创业过程中产生一些不必要的纠纷和损失，你还要考虑诸如供应商对于退换货的处理要求、处理速度、发货速度、物流保障以及争议处理等细节。

（5）服务。在与供应商建立合作关系后，要确定供应商能否提供一系列的电商平台售卖支持服务，比如商品卖点讲解、商品图片拍摄、节假日的降价促销、所在商品类目的营销培训等，好的供应商服务能对商品售卖起到非常重要的促进作用。

除上述维度外，电商创业者在选择货源时还要考虑商品的创新性、竞争性、客户需求以及外部竞争环境等因素，以保证商品的市场竞争力。

（二）供应链管理

对于电商创业者来说，供应链是需要重点关注的。供应链是指生产及流通过程中，涉及将商品提供给最终用户活动的上游与下游企业所形成的网链结构，你要关注的是以最低的成本使供应链运作达到最优化。

1. 供应商管理

供应商的情况会对企业的营销活动产生巨大影响，如原材料价格变化、短缺等都会影响企业商品的价格和交货期，并会因此削弱企业与客户的长期合作与利益，因此，电商创业者必须对供应商的情况有比较全面的了解和透彻的分析。供应商既是商务谈判中的对手又是合作伙伴。

2. 货品管理

（1）货品出、入库管理。商品进入仓库储存时，仓库管理人员要第一时间仔细核对商品的型号、数量、规格、包装等信息，发现问题商品后要及时与发货人员联系并做出说明；如果商品确认无误，要进行入库登记；相较于实体企业的商品出库，电商企业商品出库的时间点较为固定，一般是每天下午 4 时左右分拣出库，集中出库对商品出库的登记工作要求较高，不仅要求细致、全面，还要求高效率，以便在当天完成商品的发货工作。

（2）货品盘点与保管。根据仓储商品的多少，仓库管理人员需要每天或每周对在库商品进行盘点，每月要出具相关的进、出库数据报表，与运营岗位人员进行协作，为制定下一步的运营策略提供相关依据。

仓储商品的保管在整个仓储管理过程中是一项非常重要的工作，不同类目商品的保管要求不同，如针对棉纺类商品的保管要做好防火措施，针对电子类商品的保管要做好防潮、防摔措施，针对金属类商品的保管要做好防腐蚀、防撞击措施等。同时，仓储商品的保管还要考虑发货的便捷性和存储空间最大化等要求。

3. 物流管理

对于物流工作，创业初期，你需要从成本费用以及投递效率等方面进行综合考虑，选择合适的快递方进行长期合作；同时，为了防止货物在运输过程中损坏，在商品的物流包装上你要考虑包装材料、包装方式等。快递发出后，你还要进行物流信息追踪，以便及时处理各种突发问题。

电商创业者可以根据企业的实际需求引入符合自身要求的进销存系统，实现仓储管理的数字化和系统化。

三、组建团队

创业之初，从采购到发货，从运营到客服，很多工作往往都由创业者一人完成。但是随着业务的发展，你会发现，一个人不再能解决创业过程中的所有问题，你必须考虑且重视创业团队的成员组成、岗位职责的确定和团队管理等。

（一）电商创业团队的成员组成

组建电商创业团队不是一蹴而就的，通常情况是，开办电商企业后，出于资源整合的需要，创始人吸纳有一定资源（货源、资金、技能等）的合伙人或员工进入创业团队，也可能是几个志同道合、有一定情感基础的创始人抱团创业、分工协作，逐步磨合完成团队的组建。

电商创业团队一般包括创业者、合伙人、员工三类群体。

1. 创业者

创业者是电商创业团队的发起人，往往也是这个团队最初的核心人物，是缔造整个创业团队的关键。

你在计划创办电商企业或制订创业计划时，要考虑自己的经营能力，明确哪些工作必须是自己去做的，哪些工作是自己既没能力也没时间去做的。待企业发展到你没有能力或时间把全部工作包下来时，你就需要考虑招聘员工或者吸纳合伙人了。

2. 合伙人

合伙人是指投资你所创办的电商企业，有可能参与企业经营的组织或个人。他们既可能是你电商创业活动的共同发起人，也可能是后来的入伙人。你在选择合伙人时，应考虑潜在合伙人的优势资源，如资金、技术、货源、电商运营经验等，尽可能做到优势互补。

此外，你还需要把握以下几点。

（1）寻找与你价值观趋同的合伙人。你要考虑：合伙人是否认同你创办电商企业的长远目标并愿为此全力以赴，共担职责和风险；合伙人是否愿意为企业长期经营而放弃短期利益分配；合伙人创办企业的目的和目标是否与你一致。

（2）注重权责平衡，签订合伙协议。由于拥有股份和分工不同，合伙人之间在企业决策和执行操作层面可能会存在较大差异，作为创业者的你应该学会引导合伙人之间在透明、诚恳、相互信任的基础上常沟通、多交流，求同存异，以防因合伙人意见分歧而导致创业失败。

小贴士

合伙创办企业之前，你有必要与合伙人签订一份书面协议，明确各自的责任和义务，以防患于未然。

3. 员工

对于企业员工，我们可以从两个层面进行诠释。如果作为创业者的你或合伙人全部投入工作，那么，你们也是企业的员工。如果你或合伙人没有时间或能力把全部工作承担下来，你们就要考虑聘用员工。一般来说，小微型电商企业在创业初期只需要雇用 1~3 名员工，当然也有些企业可能需要雇用更多员工。

小贴士

除上面所述的三类成员外，有时基于项目或团队自身原因，你的电商创业团队可能还要借助外部的智力资源来更好地发展项目。这些外部的智力资源可能是业务要外包的对象，或者是你经常咨询和请教的专家，也可能是来自政府相关部门的官员。他们的意见对你或你的电商创业团队都具有很大的价值，你要学会聆听并结合实际，科学合理地做出决策。

（二）电商创业团队的岗位职责

确定团队成员后，你要思考如何安排他们的工作，以及他们的岗位职责是怎样的。这就需要从组织架构设计、岗位职能分析等方面进行综合考虑。

初创的电商企业一般可以按照电商企业负责人、运营推广、美工设计、客服、采购和仓储物流六方面职能进行组织架构设计。不同职能部门的主要岗位职责如下。

1. 电商企业负责人

电商企业负责人作为电商创业团队的核心人物，在企业发展过程中的地位和作用不可小觑。其岗位职责主要包括以下方面：

（1）制定企业发展目标和行动计划。

（2）组织和调动合伙人及员工实施行动计划。

（3）确保计划的执行，使企业经营达到预期目标。

2. 运营推广

运营推广部门一般是电商企业中的核心部门，对于很多小微型电商企业而言，运营推广的职责往往由电商企业负责人同时承担。具体而言，其岗位职责主要包括以下方面：

（1）根据调研和市场分析结果，做好商品品牌建设和商品类目发展规划。

（2）策划并组织执行营销推广计划。

（3）分析数据，负责店铺页面的检测工作，并据此制定优化方案、实施优化举措。

（4）协助企业有关职能部门做好售后服务，提升客户满意度。

小贴士

企业处于不同的发展阶段，其运营推广的职能往往会有不同的侧重。

3. 美工设计

在电商时代，客户在电商平台购物与在实体购物中心购物一样，你店铺的整体风格、店招、首页以及商品详情页面等能否在短时间内抓住客户的眼球非常关键，这将直接影响你店铺的经营收益，而这主要取决于美工设计的意识和能力。

一般而言，美工设计主要承担以下职责：

（1）设计店铺整体风格并进行素材规划。

（2）对店铺进行整体装修。

（3）配合做好商品详情页面的描述。

（4）配合运营部门设计和制作活动推广图。

4. 客服

客服直接影响电商企业的整体业绩和发展，已经成为经营电商企业不可忽视的重要环节。在越来越关注客户需求和注重客户体验的时代，客服部门工作的重要性已不亚于生产或流通部门。电商企业的客服涵盖了售前、售中和售后三个环节。与实体企业不同的是，电商企业的客服多数是在不与客户面对面接触的情况下进行的，因此，电商企业更应注重客服的流程与规范。

该岗位主要职责如下：

（1）接待客户，为客户提供商品咨询、询价/议价、物流咨询、促销咨询、品牌咨询、推荐营销及促成交易等服务。

（2）快递查件、催发货、修改订单、缺货通知、催付款等。

（3）退款退货处理、还款处理、返修处理、客户维权投诉处理等。

（4）维护老客户。

5. 采购

基于货源的重要性，所有采购部门在电商创业团队中均显得非常重要，小微型电商企业的采购工作大都由电商创业团队的核心人员直接负责。

该岗位主要职责如下：

（1）针对店铺的基本定位挖掘优质货源。

（2）与供应商进行价格、售后、服务等的磋商与谈判。

（3）根据需要有针对性地采购原材料、半成品等。

6. 仓储物流

仓储物流是对电商企业商品入库管理、装箱打包、物流配送等工作流程的统称，也是目前电商企业组织架构中非常重要的组成部分。其岗位职责主要包括以下方面：

（1）商品的入库、保存，包括完善出入库规程及手续，妥善存放商品等。

（2）商品的深加工，即对需要再次加工才能出售或提供服务的商品进行深加工。

（3）商品的物流配送，即选择高效、安全、成本低廉的物流对所售商品进行及时配送，以提升客户的体验感和满意度。

（4）退换货处理，即有效处理客户退换货要求，以提升客户的满意度和降低企业的经营成本。

小贴士

电商创业项目不同、发展阶段不同都会影响团队成员结构。例如，直播类电商企业的创业者就要酌情考虑设置主播、导播等岗位。

（三）员工招聘

电商企业员工的招聘流程和实体企业员工的招聘流程差别不大，你可以按照以下步骤进行：

1. 确定招聘岗位

招聘前你要明确企业哪些岗位需要招聘员工，这些岗位的职责是什么，招聘的员工应该具备什么技能和其他要求等。

2. 发布招聘信息

你可以通过线上渠道和线下的人才市场等发布招聘信息，如在大型人才网平台的电商专区或专业电商人才网、电商人才交流分享的社群（社区、论坛、微信群等）、校招平台、专业电商创业园区等发布招聘信息。

3. 面试

你要根据招聘岗位的职责要求来选择员工。能招聘到有适当技能并且工作积极性高的员工对你而言很重要。所以，在面试环节，你要有计划、有技巧地进行面试，以了解应聘人员更多的真实情况。你也可以利用专业的职业测评软件等评价应聘人员的各种素质及其与招聘岗位职责要求的匹配程度，这些都能帮助你有效判断其是否符合招聘岗位的需要。

4. 发出录用结果通知

面试后，你可能会录用部分应聘人员。在此环节，建议你向所有参加面试的应聘人员发出结果通知，无论他们是否被录用。

5. 试用转正

对拟录用的员工，你要清楚地告诉他们转正的条件以及试用的期限。为了更好地考核这些员工能否胜任所在岗位，建议在他们工作初期就对其进行岗位职责的说明或培训。

（四）员工岗前培训

员工培训是企业管理员工的有效方式之一。对于打算创办电商企业的你而言，前期需要把握的是员工岗前培训，这是传递企业文化、凝聚员工向心力的重要环节。完善的培训机制能使新员工迅速适应岗位要求，融入创业团队。

员工岗前培训内容通常包括企业和产品介绍、企业文化、团队精神、工作心态、岗位职责、专业技能等。

（五）员工管理

完成员工招聘及培训工作后，你的创业团队能否取得成功还取决于你如何有效引导和激励员工齐心协力地完成工作。一般而言，对员工的管理可以从职责明晰、薪酬激励、塑造团队文化、绩效考核和培训成长五个方面着手。

1. 职责明晰

明确每一位团队成员的岗位职责有助于其确立个人目标，督促团队成员不断自我考核和自我反省，强化团队成员之间的协作能力，从而在最短时间内实现高效率的团队协作。建议你将岗位职责制成岗位说明书，用以明确员工在企业里所要做的工作和承担的责任，同时也可作为后续对员工进行有效考核的重要依据。

2. 薪酬激励

为员工提供有吸引力的薪酬是激励员工保持工作热情的有利条件。要使薪酬既具有最佳的激励效果，又有利于员工队伍稳定，除保证整个薪酬体系符合国家和当地政策规定外，还要学会对薪酬制度进行科学的设计。设计薪酬制度时，你要把握以下原则：

一是公平性原则。这里讲的公平并不意味着“大锅饭”，而是建立在员工岗位、级别、能力一致基础之上的横向公平和基于员工职业生涯发展的纵向公平。

二是竞争性原则。你的企业薪酬制度与其他企业相比要具有一定的竞争力，这样才能吸引人才、留住人才，进而使人才愿意为你的企业发展效力。

三是激励性原则。科学的薪酬激励要建立在激发员工工作热情并与其工作业绩紧密相连的基础上。

四是经济性原则。你要考虑企业的承受能力、利润积累、成本控制等，而不是一味地追求高薪。

3. 塑造团队文化

目前，电商创业团队的成员多为90后或00后，他们喜欢参与企业决策，愿意进行自由沟通，敢于面对工作挑战，喜欢体验在玩中工作。因此，在塑造团队文化的过程中，除了考虑企业实际和自身定位外，还要考虑团队成员的个性特点。

4. 绩效考核

绩效考核是加强企业内部管理、提升工作效率的重要手段。设计绩效考核机制时，要把重点放在核心任务完成、工作态度评价、团队协作能力和创新能力四个方面。

5. 培训成长

一支新建的创业团队短期内能够给予员工的物质激励往往是有限的，而且这种激励通常具有很大的局限性，而突破物质回报“短板”的有效途径就是创造更多学习成长的机会以及快乐的团队氛围。因此，你要有计划、有步骤地组织各类培训，在团队中渗透学习新理念、新技术、新模式，积极适应电子商务日新月异的时代挑战。

小贴士

至此，相信你已经对电商创业过程中的货源组织、团队管理和平台规则等内容有了一定的理解。但作为电商创业者，你更应该意识到，不同类型项目以及项目不同阶段的准备内容都会有一定差异，切记一定要根据自身情况做好开办准备的各项工作。

第七步　运营管理

通过前几步的学习，你已经完成了店铺注册等准备工作。接下来，你将迈入电商运营管理的实质阶段，在这一步中，你可以系统学习到电商运营管理知识，这是决定你能否成为一名成功电商创业者的关键。

一、运营管理概述

电商运营管理涵盖电商企业经营的各个方面。如果把店铺比作一个人，那么运营管理就是这个人的大脑，负责协调四肢和五脏六腑的配合。有了运营管理，团队成员才能各司其职，明确团队的发展方向。

（一）电商运营管理的内容

电商运营管理的内容大致可分为基础性工作和推广性工作两类。

1. 基础性工作

电商运营管理的基础性工作主要包括以下内容：

- 货源 / 产品选择。
- 拍摄与编辑商品图片。
- 店铺注册、装修与日常的店铺维护工作。
- 资金管理、物流监控、团队建设等。

2. 推广性工作

电商运营管理的推广性工作主要包括以下内容：

- 市场调研。
- 设计与申报促销活动。
- 店铺 / 商品的推广。
- 客服管理。
- 数据收集与分析。
- 会员营销 / 分销体系建设等。

（二）电商运营管理的基本原理

从企业经营的角度分析，电商运营管理就是选择适合的商品（货源管理），通过店铺展示（店铺管理）与推广（市场营销）获取更多的付费 / 免费流量（访客），促使客户购买该商品（转化率），以获取利润的经营过程。

电商企业经营利润可以通过以下公式求得：

利润 = 访客数 × 转化率 × 客单价 − 总成本

其中，利润指的是店铺运营一段时间后的净收益。访客数、转化率、客单价三者相乘可得到一段时间内店铺获得的成交额（总收入）。总成本指的是为了在店铺销售商品而支出的所有费用，一般包括固定成本（如购买计算机的费用，属于一次性支出，变动小）和可变成本（如采购商品的费用，根据采购量的多少发生相应变化）。

下面重点分析电商运营管理三大要素，即访客数、转化率和客单价。

1. 访客数

访客数也称独立访客数，即 UV（unique visitor），指的是单位时间内通过各种途径访问店铺的客户数量，一般一天（0—24 时）内同一客户多次访问店铺只被计算一次。与访客数对应的是流量，即 PV（page view）。

访客数和流量的区别在于，假如一天内一位客户（默认 IP 地址）访问店铺 10 次、点击页面 20 次，那么，访客数计为 1 人，而流量则计为 30 次，即店铺页面浏览量或点击量之和，客户每次访问店铺页面即被计算 1 次，用户点击店铺多个页面或对同一页面进行多次点击，流量均累积计算。流量通常大于访客数。

访客数反映的是店铺真实的客户数量，流量呈现的则是客户对店铺的黏性，即访问频次和访问深度。对一家店铺来说，流量就是生命线。

小贴士

店铺推广中常用“展现量 × 点击率”来替代访客数，这种数据统计更能动态反映第三方电商平台对店铺 / 商品的展示程度以及客户点击店铺 / 商品的频率。这部分知识将在本步“四、店铺推广”相应内容中做具体分析。

一般来说，影响访客数的因素很多。对一家新开办店铺而言，商品标题优化、店铺 / 商品的图片、参加平台的推广活动、全网营销的流量导入、客户评价及服务黏性等都可能影响访客数。

2. 转化率

转化率也称店铺成交转化率，特指单位时间内成交客户数与店铺访客数的比值，也就是有多少比例的访客购买了商品。其计算公式为：

转化率 = 成交客户数 ÷ 访客数 ×100%

例如，某店铺今日访客数为 1 000 人，其中 10 人下单购买，那么，其转化率就是 10 人 ÷1 000 人 ×100%=1%。对于开办新店铺的创业者来说，追求较高的转化率是比较困难的，你需要经常关注你的商品类目在该电商平台的平均转化率，以此为参照来分析自己的数据指标，诊断问题所在。

影响转化率的主要因素有商品详情页、商品价格、客户评价等。

3. 客单价

客单价是指店铺经营过程中单位时间内每一位成交客户购买商品的平均金额。这里所说的单位时间可以是一天，也可以是一个月，时间段不同，客单价可能会存在差异。客单价的计算公式为：

客单价 = 销售额 ÷ 成交客户数

例如，某店铺当日共有 10 位客户下单，共实现销售额 1 000 元，则其当日客单价为 1 000 元 ÷10 人 =100 元 / 人。

影响客单价的主要因素有商品类型、商品质量、关联营销等。

访客数、转化率、客单价三大要素是影响店铺销售收入的基础性指标。访客数是基础，转化率、客单价是变量。

案例 7-1

谁的销售成绩更好

小张和小王都在电商平台注册了自己的店铺，经营的商品都是男装，两家店铺 10 月份的销售统计数据如下：

小张的店铺每天搜索访问的平均客户数量为 200 人，店铺平均转化率为 5%，店铺客单价为 100 元 / 人，则每天成交额为 200 人 ×5%×100 元 / 人 =1 000 元。

小王的店铺每天搜索访问的平均客户数量为 500 人，店铺平均转化率为 2%，店铺客单价为 80 元 / 人，则每天成交额为 500 人 ×2%×80 元 / 人 =800 元。

从上述案例中不难看出，虽然小王的店铺访客数比小张多很多，但是因为转化率、客单价的差异最终其店铺成交额低于小张的店铺。依据管理学的木桶原理，可以得出这样一个结论：店铺最终能成交多少，不是因为你擅长什么，而是看你能否把制约销售的“短板”补齐，只有这样，才能获得较高的成交额。也就是说，要想获得理想的店铺销售收入，访客数、转化率、客单价的优化“齐头并进”才是关键。

（三）电商运营管理的核心目标

如果调查开办店铺的原因，不同人的回答可能不尽相同，但最直接的答案一定是“谋取利润”。只有获得利润的店铺才能生存和发展，也只有获得利润，创业者的创业目标才能得以实现。在这个意义上说，电商运营管理的核心目标就是实现店铺赢利。

那么，如何实现店铺赢利呢？从利润的计算公式中可以直观地看到，要获得利润就必须提高访客数、转化率和客单价，从而提高店铺的订单量和销售收入，同时有效地控制成本支出，也就是要开源节流。

然而，这看似简单的一增一减之间，却蕴藏着巨大的矛盾：

为了获得高访客数和高转化率而进行的店铺推广，往往会大幅提高成本支出。

当前，电商发展形势也印证了小微型电商企业正面临巨大的挑战。深入分析，造成这种局面的原因主要有以下几个方面：

- 电子商务，尤其是 B2C 市场野蛮生长的红利已经消失，正逐步走上规模化、品牌化、行业化、垂直化发展的道路。
- 第三方电商平台为应对竞争压力不得不急剧提高流量费用，导致店铺推广成本增加。
- 众多电商创业者缺乏企业经营方面的知识和技能，为提升店铺流量不惜大量“烧钱”，忽视成本而造成大幅亏损。

电商企业的初创者务必处理好推广引流与成本支出的反向关系，要清晰地认识到，电商领域的竞争已日趋激烈，只有努力提高自己的电商运营管理能力，摆脱单纯依赖第三方电商平台付费流量的制约模式，才能获得更多的利润。

总体来讲，电商运营的工作是非常复杂的，但是依靠运营管理，对店铺运营进行数据分析、诊断，找出症结，对症下药，优化店铺，改善经营，却并不复杂。后面内容中我们会逐一学习，以便厘清思路、提高技能，从而掌握电商运营管理技巧。

二、店铺呈现

（一）商品展示

商品展示是将经过市场分析后选择的商品上传至店铺并进行销售的过程。这一过程的主要工作内容包括确定商品标题、制作商品主图、制作商品描述和商品定价等。

1. 确定商品标题

商品标题是对商品的概括性文字描述。客户准备网购某种商品时，并不能马上看到或体验到这种商品，大多数人会借助购物平台或网络搜索引擎的引导快速查找到符合自己需要的商品信息。而商品标题就是搜索的重要依据。另外，当大量搜索结果呈现在客户面前时，商品标题往往是影响客户选择的一项关键因素。可以说，商品标题在很大程度上影响着店铺的流量。

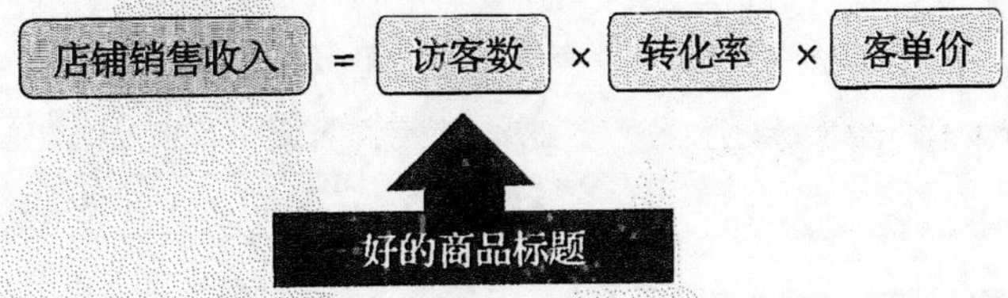

每个电商平台对商品标题的长度（字符数量）都有限制，你应该在规则允许的范围内充分发挥标题的作用，在遵守平台规则的前提下丰富商品标题内容。商品标题通常由产品词、品牌词、属性词以及促销词等几个部分构成。然而，商品标题的构成并不是一成不变的，你在确定商品标题时需要考虑客户的消费心态、季节性、促销环境、较同类商品的优势等多种因素。

（1）确定商品标题的方法。在网购过程中，商品的搜索通常借助于商品标题中的关键词设置来完成，所以确定商品标题的过程也就是提炼商品关键词的过程，具体方法有以下几种：

- 分析商品属性和特征：根据商品自身的属性和特征，或者供应商的产品介绍，提炼出符合要求的关键词。
- 搜索栏联想：在电商平台的搜索栏中输入自己拟销售的商品或相关词汇，此时下拉框中会出现与之相关的联想词语，这些都是经过电商平台搜索统计筛选出的高频热词，可以作为选词的重要依据。
- 借鉴竞争对手的标题：搜索同类商品时，你可以参考排名靠前的商品标题所设置的关键词。
- 利用统计分析工具：你可以利用第三方电商平台或其他网站提供的统计分析工具，如生意参谋、百度指数等来帮助自己确定恰当的标题。例如，输入网址“index.baidu.

com”进入“百度指数”页面，搜索“台式电脑”“台式机”“家用台式电脑”3 个关键词，可以看到三个词在一定时间范围内“PC+ 移动”搜索指数的变化情况，如图 7-1 所示。

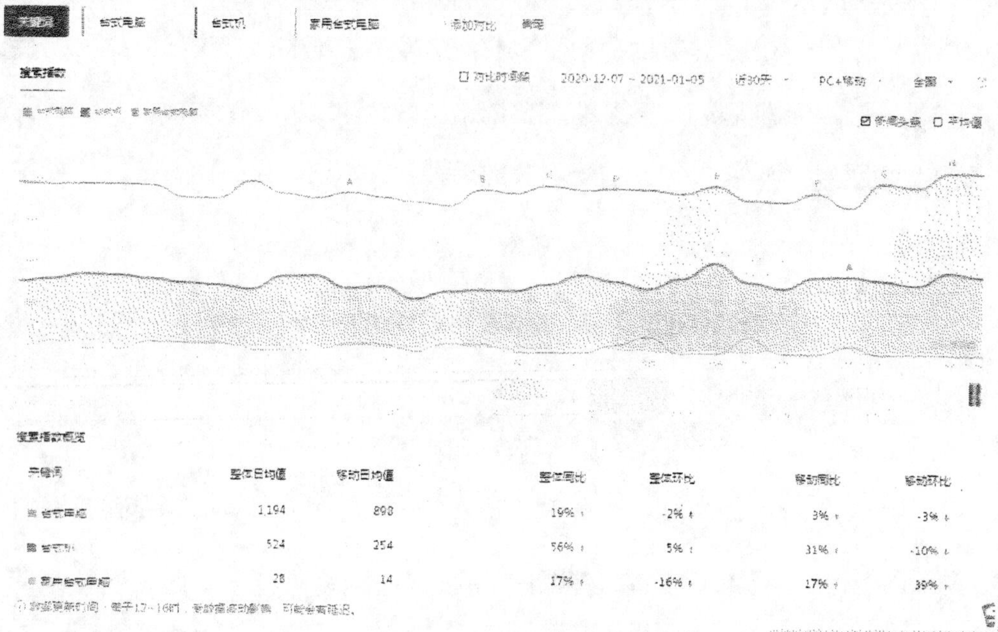

图 7-1　百度指数使用示例

知识拓展

百度指数是以百度海量网民行为数据为基础的数据分享平台，可以用来研究关键词搜索趋势、洞察网民兴趣和需求、监测舆情动向、定位受众特征等。使用百度指数前需要进行注册。

（2）确定商品标题的注意事项。

- 不要违规。
- 不要使用类似或重复的商品标题。
- 不要使用特殊符号。
- 不要盲目对已经是爆款的商品进行标题优化。
- 不要频繁调整商品标题关键词。
- 充分利用商品标题长度要求，增加更多有效关键词。

2. 制作商品主图

商品主图是电商企业销售商品的一种展示形式，一般指的是商品展示页中用于展示商品的图片，如图 7-2 所示，近几年出现了很多视频形式的商品主图。优质的商品主图能够吸引客户，传达商品的设计理念，使客户产生点击的兴趣，从而使商品在激烈的竞争中脱颖而出。

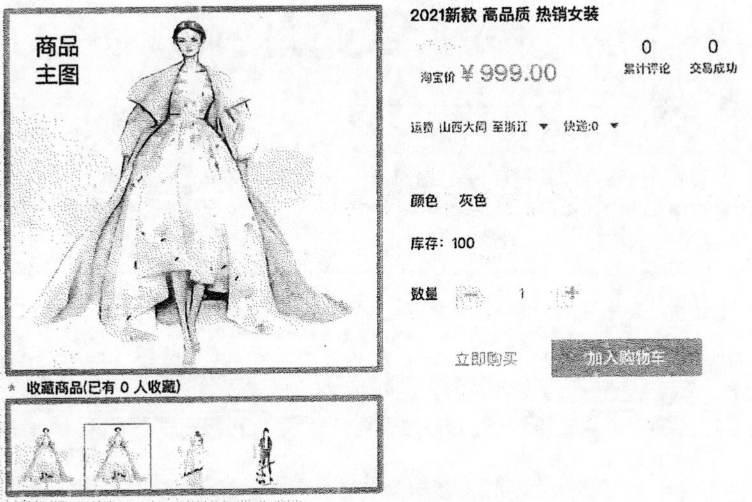

图 7-2　呈现在商品展示页中的商品主图示例

与商品展示页中其他图片不同的是，商品主图不仅会在商品展示页中呈现，还会以缩略图的形式出现在客户的商品搜索结果中，如图 7-3 所示。

图 7-3　商品主图的缩略图出现在商品搜索结果中

而这张缩略图往往就是客户在成百上千件搜索到的商品结果中“货比三家”的重要参考因素，直接影响商品的点击率。点击进店浏览的客户群体如果与你的店铺定位及商品定位相符，将直接影响客户的好感度，进而影响商品成交的比率。

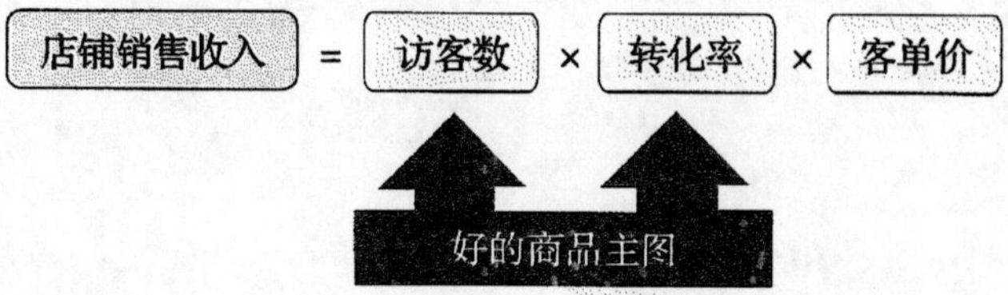

在设计和制作商品主图前，你应该充分了解电商平台有关商品主图的发布规则和限制。另外，主图的像素数也并非越大越好，图片文件过大需要更多的网络传输时间，往往会影响客户的购物体验。

某些承担特殊功能的商品主图则更需要量身打造。例如，在很多电商平台上，第一张主图往往会由系统自动生成缩略图，出现在客户的商品搜索结果中。如何利用这次展示机会突出自家商品的卖点，展示营销策略，提高商品竞争力，获取更多的点击率，你需要进行深入的分析和思考。有关主图设计和制作的技术可以参考教材中“店铺装修”等内容，也可借助其他途径学习。

3. 制作商品描述

商品描述是预先设计和组织，在客户网购过程中按计划集中呈现给客户的商品信息。商品描述就像商品的专职推销员，承担着全面系统向客户介绍商品的重要职能。现阶段的电商平台上，商品描述的主要方式是将图片、文字以及视频和声音以网页形式组织起来，呈现在计算机屏幕上，帮助客户了解商品的属性、特点等，如图 7-4 所示。

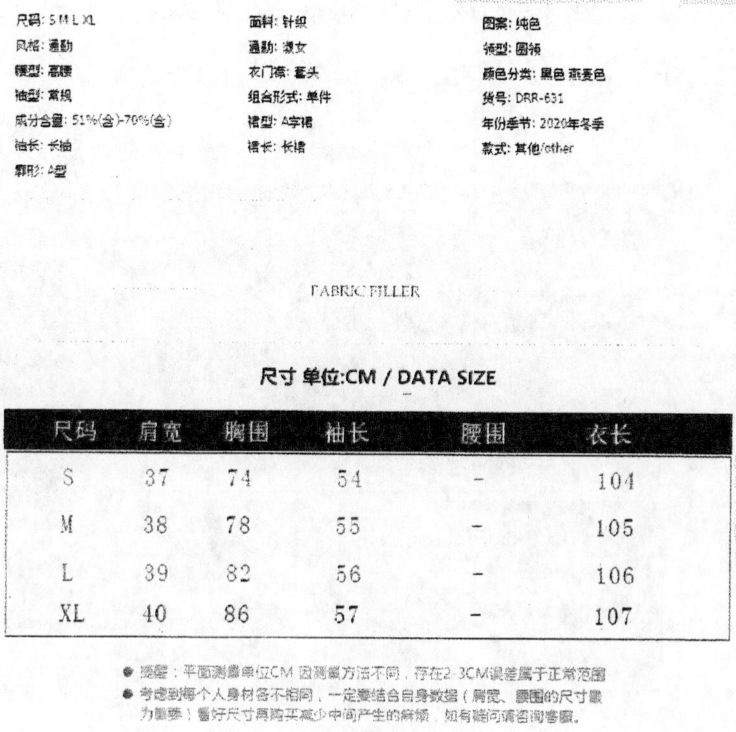

尺码: S M L XL
风格: 通勤
腰型: 高腰
袖型: 常规
成分含量: 51%(含)-70%(含)
袖长: 长袖
廓形: A型
面料: 针织
通勤: 淑女
衣门襟: 套头
组合形式: 单件
裙型: A字裙
裙长: 长裙
图案: 纯色
领型: 圆领
颜色分类: 黑色 燕麦色
货号: DRR-631
年份季节: 2020年冬季
款式: 其他/other

FABRIC FILLER

尺寸 单位:CM / DATA SIZE

尺码	肩宽	胸围	袖长	腰围	衣长
S	37	74	54	-	104
M	38	78	55	-	105
L	39	82	56	-	106
XL	40	86	57	-	107

- 提醒：平面测量单位CM 因测量方法不同，存在2-3CM误差属于正常范围
- 考虑到每个人身材各不相同，一定要结合自身数据（肩宽、腰围的尺寸最为重要）看好尺寸再购买减少中间产生的麻烦，如有疑问请咨询客服。

图 7-4　商品描述示例

客户通过搜索发现商品，然后被精心设计制作的商品标题和商品主图吸引后进入商品展示页，这时多数客户并不会立刻下单，而是会继续浏览商品描述。好的商品描述有助于增强客户购买信心，打消客户疑虑，提高购买转化率和客单价，往往成为最终促使客户做出购买决定的关键因素。

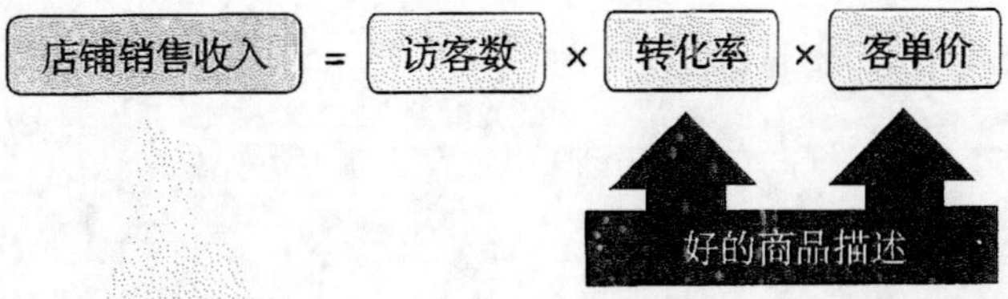

另外，商品描述还可以帮助客户在获得商品之前就产生良好的购物体验，从而减少售后可能出现的不满意等情况。

（1）商品描述的内容。商品描述的内容通常包括商品的整体图片、属性、使用场景、使用说明、特点、包装、促销信息以及店铺相关信息等。

（2）制作商品描述的原则。为了使商品描述发挥出更好的效果，你应该以目标客户的需求为导向，预先准备好商品的信息和素材，设计有效的呈现形式。在商品描述的制作过程中，你需要考虑以下两个问题：

一是对于不同的商品，客户的关注点不同，制作商品描述的内容也不尽相同。你要根据商品受众的关注点，有针对性地准备商品描述的内容，强调商品的价值点。有调查显示，女装类目商品的描述，70% 以上的流量热点集中在多维度全方位展示的商品图片、模特穿着的效果图片和材质工艺的细节图片上；化妆品类目商品的描述，60% 以上的流量热点集中在商品生产批号、保质期、商品包装和实体店铺的图片介绍上。

二是商品素材的呈现顺序不是随意设计的，其中隐含着一定的规律。通常客户在购物过程中会依次经历对商品好奇、探究、喜爱、怀疑、担忧、纠结、确认等心理过程。你要顺应客户的购物心理和习惯，有针对性地安排信息呈现顺序和版面设计。首先，你要用全方位、多维度、重卖点的大海报打消客户对商品的疑虑，然后利用老客户的商品使用效果和商品卖点激发其购物欲望，最终通过零风险承诺和促销促使客户下单。

（3）制作商品描述的要点。设计并准备好商品素材（文字、图片、视频等）后，就可以制作商品描述了。

小贴士

商品描述的呈现形式具有多样性，通过直播介绍商品也属于商品描述的形式之一，当然，除此之外，还有文字、图片、视频等形式。

● 描述商品属性：通过对商品属性的描述，体现出商品的品质优势，强化客户购买动机，如图 7-5 所示。

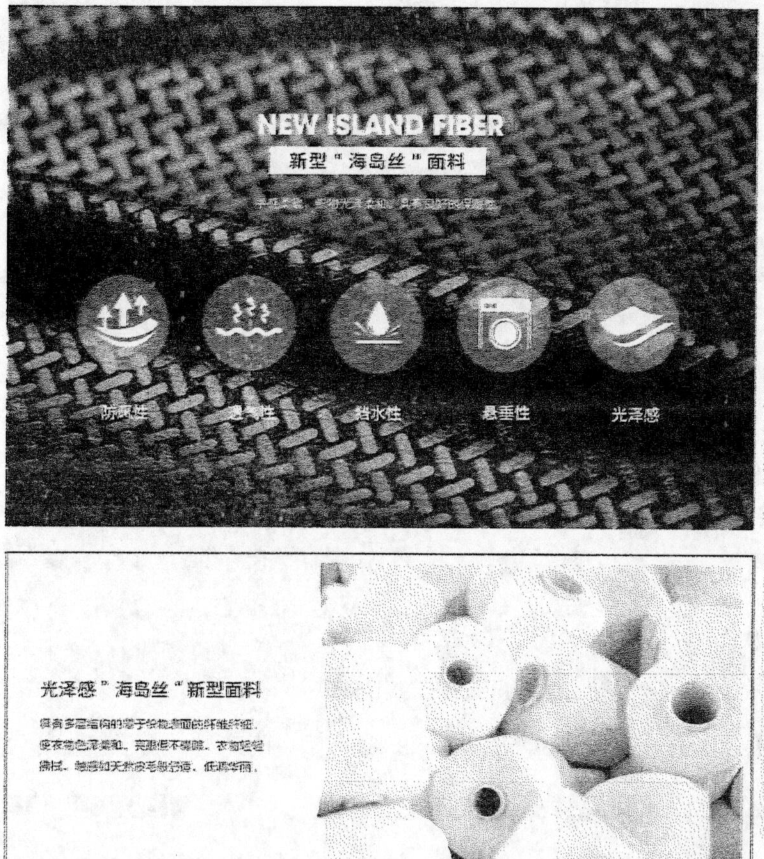

图 7-5　描述商品属性示例

● 风险承诺：考虑到客户网购时可能会出现各种各样的担心，你要充分考虑到买家可能遇到的风险，并对风险进行必要的说明和承诺，来打消他们的顾虑，如图 7-6 所示。

● 发布商品证书、权威图片：除承诺外，品牌授权书、质量检测证书、实体店铺和使用场景照片等真实的图片可以突出商品信誉，满足客户的安全需要，帮助他们打消疑虑，增强他们的购买信心，如图 7-7 所示。

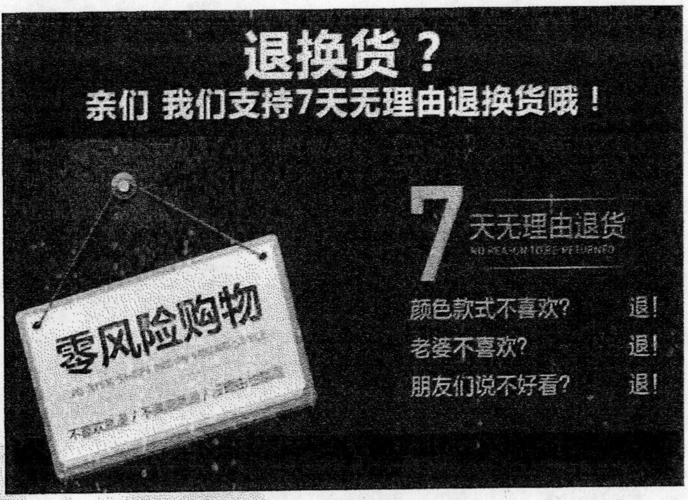

图 7-6　零风险承诺示例

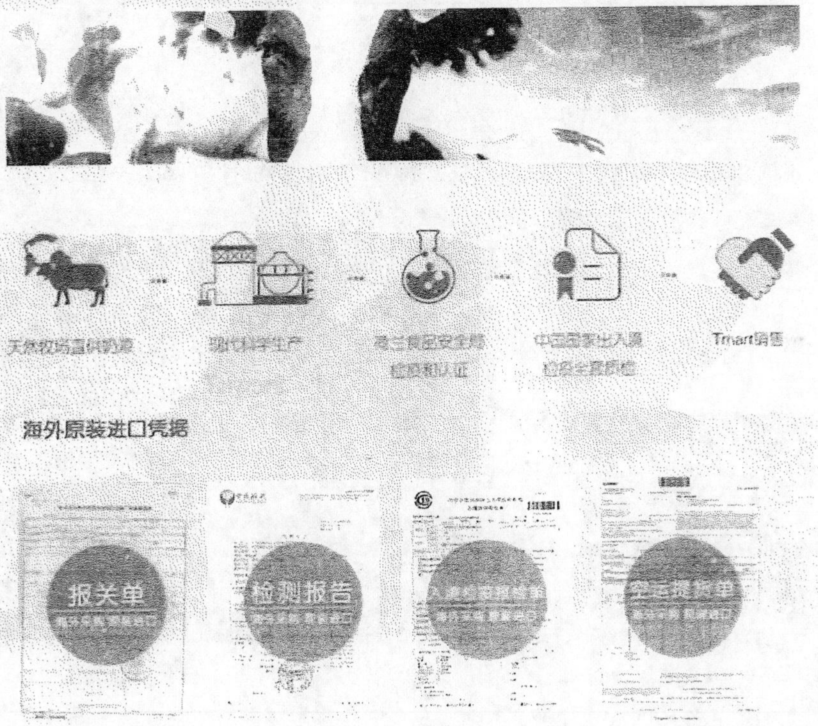

图 7-7　发布商品证书、权威图片示例

- 客户见证：利用“羊群效应”，激发客户产生从众心理而主动下单。很多客户网购时很看重其他人的购买行为，所以商品的成交量和客户评价有很强的说服力，如图 7-8 所示。

- 价值包装：价值包装要凸显商品的价值点和竞争力，深度挖掘客户潜在需求，如图 7-9 所示。

图 7-8　客户见证示例

图 7-9　价值包装示例

- 灵活促销：利用促销手段，激发客户购买欲望，促使客户尽快下单，某些情况下甚至可以提高成交金额，如图 7-10 所示。
- 再次承诺：用质量或服务承诺再次打消客户的顾虑，促其下单，如图 7-11 所示。

图 7-10　灵活促销示例

图 7-11　再次承诺示例

小贴士

制作商品描述时应注意，商品类目不同，电商平台不同，目标客户群体不同，商品描述的内容都会存在一定的差异，好的商品描述一般从商品本身的价值呈现、打消客户疑虑、增强客户购买信心等方面设计。你可以结合实际确定并丰富商品描述中的内容。

4. 商品定价

价格是商品的重要属性，关系到商品对客户的吸引力和较市场同类商品的竞争力。

网购过程中，客户可以更从容地思考和比较，以便发现更划算的商品，进行更有利的选择，这也是网购的优势所在。调查显示，优惠的价格是购买的主要动力，近一半的消费者之所以网购，是因为线上商品的价格更具吸引力。

为方便客户找到更具价格优势的商品，电商平台通常都会提供以价格为条件的搜索排序方式，如图 7-12 所示，这使得客户更愿意积极地进行选择和比较，同时也进一步强化了网购商品的价格优势。

图 7-12　以价格为条件进行搜索排序

店铺中商品价格的制定和调整具有很强的灵活性，因而商品定价往往也成为电商经营者即时调整经营策略的重要手段之一。

（1）影响商品定价的因素。

● 商品的成本。开办店铺最终的目的是盈利，一般来说，只有主要商品的售价高于其成本，整个店铺才可能通过商品销售获利。但由于电商营销模式的特点，对于单一商品的定价可以不局限于其自身成本，而是综合考虑店铺的整体成本及销售收入。通过合理的定价，控制店铺总成本和总收入的平衡，可以有效降低店铺的亏损风险。

● 客户的购买力。传统经营方式中，客户购买力是定价的上限。而电商营销则突破了地域的限制，为决策者提供了更广阔的定价空间。你既可以用大大低于客户购买力的价格吸引规模庞大的网络消费者，也可以用接近客户购买力的价格，通过电商营销的长尾效应获取足够的收入，甚至可以有意超出客户购买力定价，从而达成特殊的营销效果。

● 同类商品或可替代商品的价格。客户对价格是很敏感的。电商平台等为满足客户这一需要提供了很多搜索、比较和分析的工具，使得网络消费市场的价格竞争更加激烈和直接。为了赢得竞争，你必须制定合理的价格策略。

● 市场行情的变化。与线下市场相比，线上市场行情的变化速度可能更快，幅度也可能更大。在这方面，你要考虑时间、客户消费习惯以及技术和宏观经济环境对供需关系造成的影响。

（2）商品定价的方法。商品定价的方法多样且灵活，下面是几种基本方法。

● 成本加成定价法：核算单位商品的成本并以此为基础，适当增加利润制定价格的方法。

例如，经过估算，某店每只鼠标的成本（包括进货成本及其他各项费用）为 23 元，计划销售一只鼠标可获得利润 5 元。按照成本加价法计算，鼠标的单位商品销售价格应为 23 元 +5 元 =28 元。

● 竞争参照定价法：根据市场上同类商品的售价和竞争策略制定价格的方法。

例如，某店拟为所销售的折叠雨伞定价，经过市场调查，发现市场上类似功能和款式的折叠雨伞销售单价为 18~28 元不等，该店结合实际情况（成本、市场定位、竞争策略等），最终确定折叠雨伞的销售单价为 26.8 元。

（3）商品定价的策略。

● 统一定价法：即为多种相近的商品制定统一的价格。

例如，一家日用品店铺，商品清单中有几十种日用品的单位成本较低，市场单价都在 4 元以内。该店铺采用统一定价法，确定这些商品销售单价均为 3 元。

● 爆款引流法：利用有较强竞争力的价格吸引客户，以期为店铺带来更多销售。

例如，一家旅行箱品牌专卖店，为了占领市场需要快速增加客流量，选择了一款 20 寸经济型旅行箱作为爆款进行促销。市场上同类型旅行箱的销售单价约 200 元，该店决定以 168 元的单价进行宣传推广。结果，此商品推出后销量迅速提高，同时为该店带来了大量客流，带动了全店其他各类商品的销售。

小贴士

商品定价时应考虑的因素和使用的方法很多，在整体经营目标和计划的指引下，你应该综合运用多种定价方法及技巧，结合市场实际情况及自身状况，制定出适合的商品价格。

（二）店铺装修

店铺装修应充分结合店铺定位进行设计，合理的装修可以为客户提供良好的视觉感受和体验，延长客户在店内的停留时间，增加客户的良好认知和感受，从而树立店铺的形象。那么，什么样的装修才有助于获得满意的销售效果呢？

1. 店铺装修规划

网络店铺装修和实体店铺装修的呈现方式不同，后者是实际存在的，而前者则是虚拟的，如图 7-13 和图 7-14 所示。你可以从功能布局和视觉布局两个方面来规划你的店铺装修。

图 7-13　实体店铺外观装修图

图 7-14　网络店铺外观装修图

（1）功能布局。店铺装修的目的是增加客户访问的深度和转化率，以促成交易。但是，网络店铺中没有营业员进行引导与促销，所以网络店铺装修就要在引导客户进入某些页面或购买某些商品等功能上做重点布局。

网络店铺商品的正确分类是进行功能布局的一条重要思路，商品分类的主要目的是方便客户查找。初进店铺的客户可能只对某一款商品感兴趣，但他在了解该商品的过程中很可能会产生对相关商品的兴趣。同类商品放在一起可起到对比参考的作用，能够促进交易的完成，功能相近的商品放在一起则便于查找和选择，如图 7-15 所示。

图 7-15　功能布局店铺示例

（2）视觉布局。你的店铺如何在众多店铺中迅速脱颖而出、更加符合客户的视觉喜好，视觉布局是一项非常重要的规划。你要明确的是，视觉布局的最终目的还是突出所售商品本身。

首先，在颜色的选择上，店铺的主色调与商品的属性要紧密相连，一旦确定主色调，其他颜色的应用就必须与主色高度协调，如图 7-16 所示，且同一页面颜色不宜超过 3 种。其次，店铺装修不能过于花哨，闪烁动画也不能过多，否则，虽然表面上看起来很丰富，但其实并不利于留住客户。

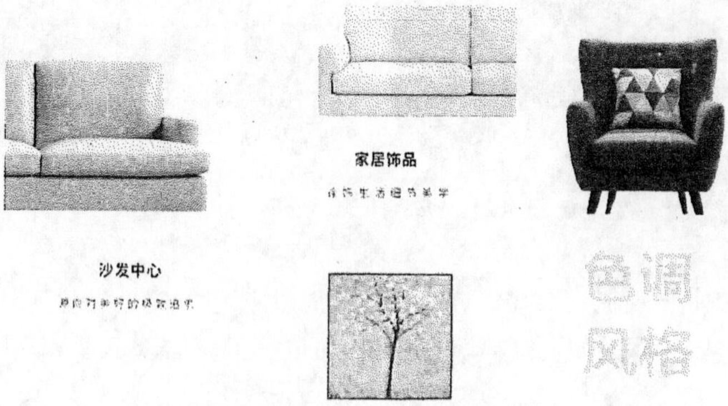

图 7-16　色调统一的店铺

此外，店铺装修还要依据预算合理规划。

小贴士

网络店铺页面主要由图片组成，而每一张图片又由若干颜色组成，因此，边框、线条的使用要尽量干净，以增强整体视觉体验感。水印的使用尤其要注意，不能为了达到所谓的“自我保护”目的就任意添加水印，使图片显得杂乱无章。

2. 店铺装修流程

店铺装修过程通常包括风格选择、素材准备、实施装修 3 个环节，就操作层面而言，则体现为选择模板、素材上传、店铺设置 3 个步骤，如图 7-17 所示。

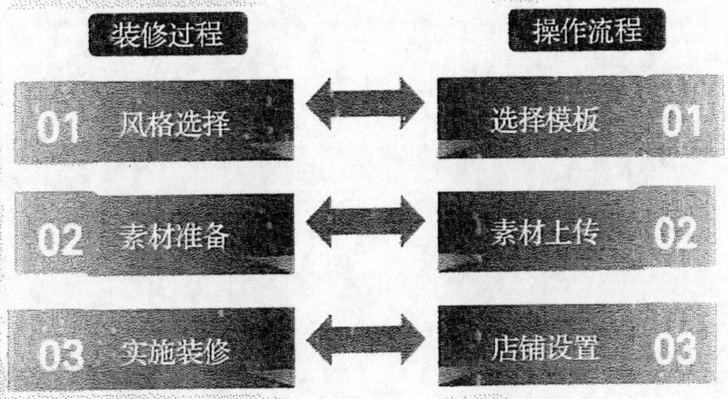

图 7-17　店铺装修过程与操作流程

（1）选择模板。店铺模板的选择至关重要，一旦确定了店铺模板就相当于确定了店铺整体的装修风格和页面布局。

为帮助创业者提高店铺装修的效率，降低操作难度，电商平台通常会提供多款店铺模板以供选择。模板一般由店铺招牌、轮播广告图、店铺介绍、店铺公告和商品分类等必要的店铺基本信息构成，如图 7-18 所示。

选择模板时，你需要考虑以下要素：

- 实用性。选择模板时，虽然美观很重要，但单纯的美观并不能给你带来效益，你最应关注的是模板的实用性。比如，你单纯从美观的角度选择了一款模板，然而其模块的设计并不能满足你对商品促销的需求，那么该模板就不够实用。

- 行业属性。你要关注客户进入店铺后通过模板而产生的商品行业关联效果。一般情况下，电商平台会根据行业对模板进行分类，你可以根据销售商品所属行业进行甄选。

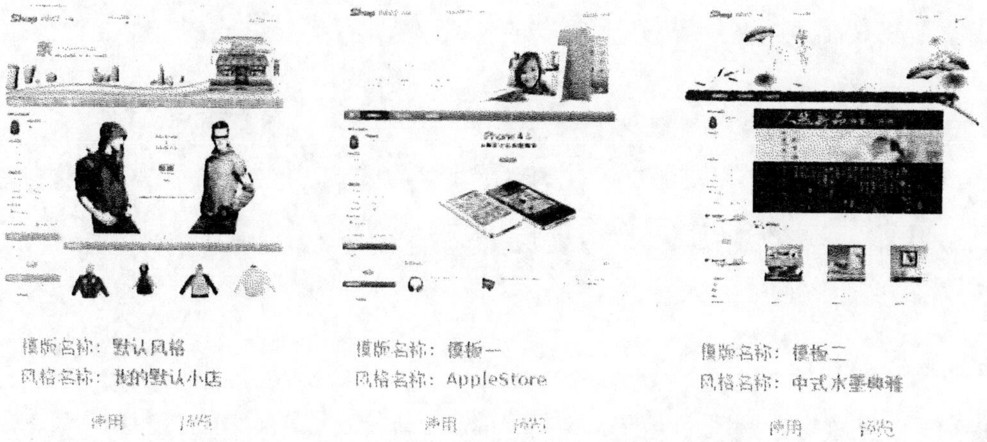

图 7-18　不同风格的店铺模板

● 投入性。电商平台一般会提供多款免费模板供你选择，如图 7-19 所示，当然也会提供更多款不同类型的付费模板，每月费用从几元到上千元不等。选择时你首先要考虑自有资金的投入，不要盲目投入，应以实用、够用为主，切忌贪大求全。如果要购买模板，你可以先试用，体验其效果，确认其符合自己的需求后再购买，以便降低购买风险。

图 7-19　免费模板示例

小贴士

电商平台提供的店铺装修模板均分为免费模板和付费模板两类，目前免费模板的数量和类型较少，如果你的店铺个性化需求较强而且你的创业资金较为充裕，你可以选择付费模板。付费模板的付费方式一般分为按月付费和一次性买断两种，你可以根据自己的实际情况进行选择。

（2）素材上传。店铺装修素材主要包含店标、店招和轮播 3 类，如图 7-20 所示。

图 7-20 店铺装修素材

店标，即店铺的标识，如图 7-21 所示。好的店标会让人印象深刻，有的店标可以同时反映出店铺销售的商品类型等。

图 7-21 店标示例

店招，即店铺的招牌。店招能起到说明店铺信息、展示店铺形象的作用。风格上要求尽量简约、美观，切忌堆砌过多的商品和文字信息。

轮播，也称海报图，一般用于展示店铺的主打商品或热销商品，便于客户关注。轮播通常要能够给人一种视觉上的冲击力，设计上要切合目标客户的特点。

素材上传前要进行素材的收集和制作，在达到理想效果后再根据电商平台的要求进行上传。

1）素材收集，即收集需要优化、制作的原始素材，一般有三种途径：

一是拍摄，即根据自己的实际需要拍摄所需的商品素材，如图 7-22 所示，拍完后要从中选出合适的素材进行后期处理。

二是借鉴，你可以到各大电商平台寻找符合自己需求的素材，然后进行加工，切勿直接盗取。

三是从素材平台下载。你可以到国内比较大的素材平台上寻找适合的素材，目前常用平台有“昵图网”“千图网”“第一素材网”等。

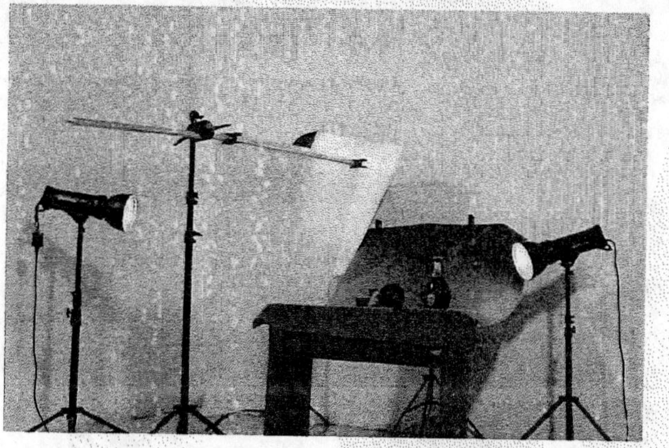

图 7-22　拍摄素材

2）素材制作，即通过作图工具对收集到的素材进行二次加工，以达到理想的效果。常用的作图工具有 Adobe Photoshop、CorelDRAW、Computer Aided Design、美图秀秀等。初创时期，建议你不要选择过于专业、复杂的作图工具，只要满足基本素材制作要求即可。对于较为复杂和精细的图片，你可以选择外包的形式制作。

此外，你还可以利用在线作图网站提供的素材模板进行制作，如图 7-23 所示。

图 7-23　在线作图网站提供的素材模板示例

（3）店铺设置。店铺设置主要涉及分类管理、导航设置、布局管理和子账号管理等。

1）分类管理。目的有两点：一是增加商品权重，提升排名，客户往往通过搜索找到商品，而商品如何容易被找到就和商品本身的权重有关系，在电商平台中影响商品权重和排名的一个因素就是商品分类；二是便于客户查找，优化客户购物体验，客户进入店铺后，往往会选择某一类别商品进行挑选，合理的商品分类有助于更好地满足客户的购买需求，如图 7-24 所示。

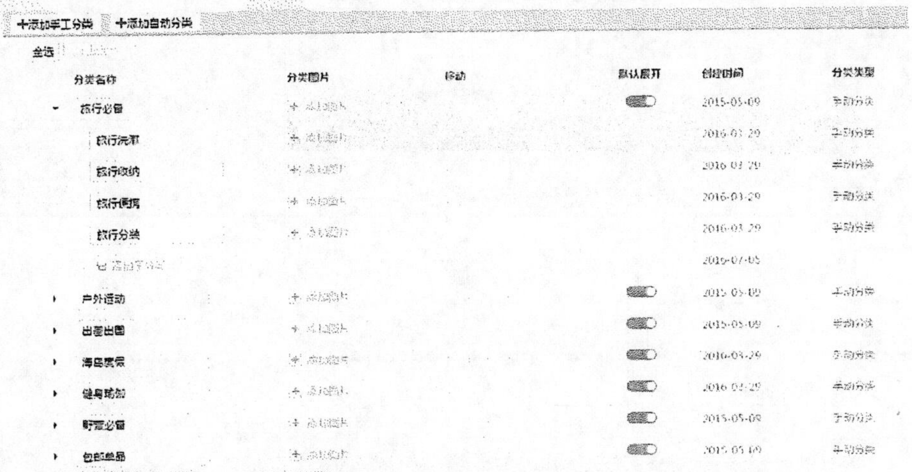

图 7-24　分类管理界面示例

2）导航设置。在店铺中，客户搜索某一款商品，该商品信息就会呈现在客户眼前，一旦客户发现这款商品不符合自己的需求，就会找寻同类其他商品或者其他类商品，这时导航的重要性就凸显出来了，如图 7-25 所示。

图 7-25　店铺导航界面示例

3）布局管理。即对店铺首页的布局进行调整，以达到最佳的展示效果，体现店铺的经营模式和特色。

一般店铺首页会有一个默认的初始界面，你可以对该界面进行装修，删减、添加、移动相应的模块，如图 7-26 所示，结合你的店铺风格和销售的商品特点进行个性化设计，使客户进入店铺后产生良好的体验和视觉享受，从而产生购买欲望。

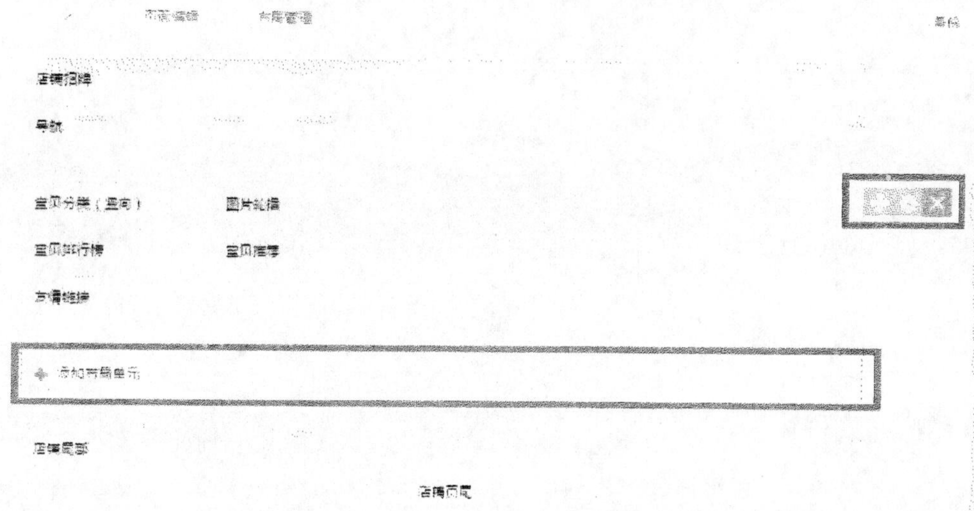

图 7-26　删除、添加、移动模块界面示例

4）子账号管理。子账号是电商平台提供给创业者的员工服务账号，在此以京东平台的子账号管理为例进行介绍，如图 7-27 所示。

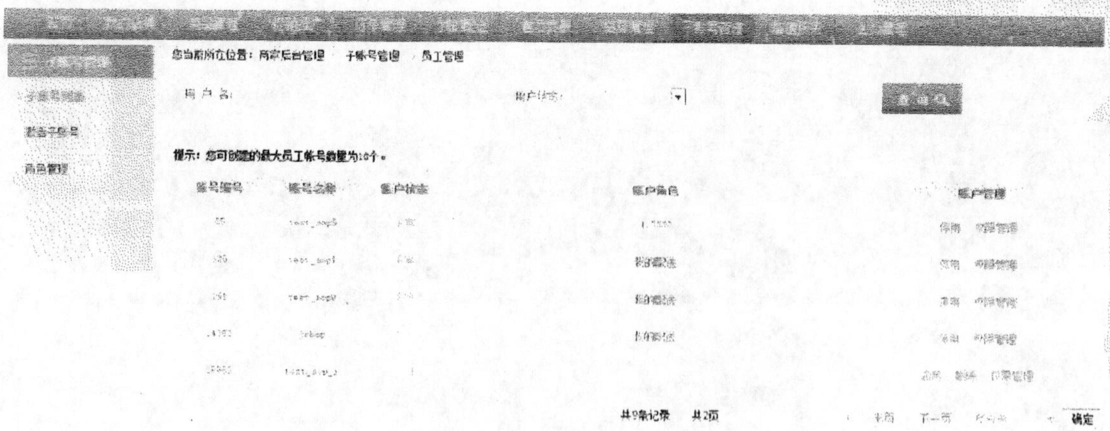

图 7-27　京东子账号管理界面示例

子账号的功能一般包含两个方面：一是沟通功能（接待客户、分流接单），子账号一旦创建，在没有停止的情况下，你都可以用子账号名和创建时的密码登录平台的客户沟通

工具，与客户进行交流。例如，某段时间内与主账号沟通的人很多，此时启用具有分流功能的子账号，一部分客户就会被分流到子账号进行沟通。二是店铺管理（需得到主账号授权）。创建子账号后，主账号可以给子账号授权，如商品编辑、上下架、改价、发货、退款等，获得授权的子账号登录后即可帮助主账号管理店铺。

小贴士

随着移动端购物的崛起，你在店铺装修过程中还要考虑到移动端店铺的装修。移动端店铺装修整体模块和思路与PC端相似，但具体的操作模块有一定差异。主流电商平台往往也会针对移动端的店铺装修设定模板，来提高创业者店铺装修的效率。如微店、淘宝移动端店铺装修，都有比较智能的装修模块和工具。你可以根据选择电商平台提供的资源，结合商品类型，有针对性地进行装修设计。

三、店铺管理

店铺管理主要包括交易管理、客服管理、评价管理等内容。店铺管理的好坏直接关系店铺整体运营效果。那么，你应该怎样进行店铺管理？怎样的店铺管理才能让你获得良好的效果和收益呢？

（一）交易管理

1. 交易管理的重要性

交易管理是指在客户下单到其交易结束的整个过程中，店铺对于各阶段交易状态的把控和处理。

作为电商创业者，你要清晰地了解客户下单、付款和评价各阶段的状态，及时、有效地处理各种突发问题，从而确保整个交易过程的安全性，以利于订单的有效完成并获取好评。

2. 交易管理的主要内容

在不同的交易状态下你所关注的内容及处理方式应有所区别。店铺后台将交易状态分为 6 种，各状态下店铺的管理内容见表 7-1。

表 7-1　　各交易状态下店铺的管理内容

交易状态	状态说明	管理内容
等待付款	买家已拍下商品但未付款的状态	这种状态持续 5 分钟以上时，要及时跟进买家，打消买家付款的疑虑，促使其完成付款动作
等待发货	买家已经付款，卖家需要发货的状态	要根据电商平台对发货时间的要求，尽可能提前发货，以减少买家等待时间，提升体验度
已发货	卖家将商品打包发货后，等待买家签收的状态	及时关注物流状态，发现物流异常后应第一时间与物流方联系解决，同时告知买家，防止出现不必要的纠纷
待评价	买家收到商品后要对卖家商品等做出相对应评价的状态	需重点关注该状态，如出现买家差评等各种对店铺不利的评价要及时与买家进行沟通，协商解决问题
退款中	买家收到商品后对商品或服务不满意，买家选择退款的状态	对申请退款的订单，要先和买家沟通，弄清买家退款的真实意图，尽可能让买家放弃退款申请，若协商不成，退款时要注意时间以及商品是否有损坏等情况。协商过程中要避免使用过激的语言
交易完成	买家确认商品后，对商品做出了相对应的评价，卖家对此无异议，表示此订单交易完成	为客户建档，维护老客户，为二次营销做准备

3. 交易安全

由于互联网本身具有开放性，所以我们在享受电子商务所带来的购物便捷化的同时，也面临着交易信息被泄露、支付账户被窃取等网上交易危险，因此，对于电商创业者而言，交易安全也是一项不能忽视的重要内容。

（1）密码安全。常见的第三方电商平台要求设置的密码有平台登录密码、支付工具登录密码、支付工具支付密码、注册邮箱登录密码等，因为涉及密码过多，所以很多用户为防止遗忘往往采取所有密码统一或简单设置的做法，然而这样做是存在安全隐患的。

小贴士

树立密码安全意识非常重要，要时刻谨记。

设置密码过程中除遵循易记原则外，安全性也是不容忽视的，建议密码设置为“大写英文字母 + 小写英文字母 + 数字 + 特殊符号”的形式，如“wellgood@1981”；建议设置与会员名和电话号码不同的密码，且不要将密码设置为有规律排序的形式。输入密码时不要用粘贴的方式。

（2）避免网络陷阱。买卖双方在通过沟通工具交流的过程中，卖家因为急于成交往往容易陷入网络诈骗分子（假扮成买家）设置的陷阱中，如何识别这些网络诈骗分子也是电商交易过程中的一项重要工作。

为避免网络陷阱，要做到以下三点：

- 不点击非正规渠道发来的且无法确认是否安全的网站链接。
- 不登录危险网站，不可忽视任何危险网站提醒，如图 7-28 所示。
- 安装杀毒软件，并定期查杀病毒。

图 7-28　危险网站提醒示例

小贴士

作为电商创业者，你需要了解所在平台提示的各种常见防诈骗措施，京东、淘宝、苏宁易购等电商平台都设有安全防诈骗专区，你可以从平台首页相应入口点击进入。

（二）客服管理

1. 客服的重要性

在电商经营过程中，客服在店铺推广、商品销售以及售后客户维护方面均起着极其重要的作用。具体而言，客服的重要性主要体现在以下三个方面。

（1）塑造店铺形象。在网络店铺中，买家看到的都是商品图片，往往会产生距离感和怀疑感，卖家通过与买家沟通让其逐步了解自己的服务态度以及商品价值，客服人员的一个“表情”（特指沟通工具中提供的“表情”工具）或者一句亲切的问候都能拉近买家与卖家之间的距离，使买家真实地感受到自己不是在跟冷冰冰的计算机或网络打交道，而是在跟一位善解人意的客服人员沟通，热情的服务有助于建立店铺在买家心目中的良好印象。

（2）提高成交率。很多情况下买家联系客服人员并不一定是质疑商品，而仅仅是想确认商品描述是否与事实相符，客服人员简单的几句话也许就可以打消买家的诸多顾虑，促成最终交易。对于犹豫不决的买家，客服人员专业的商品知识介绍和销售技巧，可以帮助其选择到合适的商品，从而促成交易；对于不急于购买商品的客户，客服人员后续可以继续跟进，通过发送一些促销信息促使其及时下单、付款，从而提高店铺成交率。

（3）提高买家复购率。买家完成第一次交易后，很可能因为客服人员的良好服务而产生愉快的购物体验，当需要再次购买同类商品时，就会倾向于购买该店铺的商品。

2. 客服管理规划

基于客服的重要性，你必须对客服岗位进行合理的人员及工作职责规划。

（1）人员规划。你可以根据你的店铺规模和业务量，对客服人员进行规划，一般包含三种情况。

1）创业者兼任。创业初期，在店铺销量还不是很大的情况下，建议由创业者自己兼任客服，这样除了可以降低资金压力外，创业者还可以了解到客服工作的各个环节，为日后聘用客服人员、对客服人员进行业务培训及指导奠定基础。

2）聘用兼职人员。店铺发展到一定阶段，对于平日的工作量创业者如自己能够应付，则可以仅在“大促”期（节假日或活动日）出现销售“井喷”、人手不足时，雇用兼职客服人员，解决临时性的人力需求，以达到降低人力成本、增加人力使用灵活度的目的。

3）招募专职人员。随着店铺的不断发展壮大，创业者本人或兼职客服人员已经不能有效完成店铺的日常事务，这时就需要招募一定数量的专职客服人员，以维持店铺的正常运转。

（2）工作职责规划。电商企业客服人员与实体企业客服人员在工作职责上的最大不同就是电商企业的客服人员还承担了销售的职责，具体来说，主要包括以下四个方面。

1）接待买家与促成交易。商品描述有时不足以让买家有清晰的认知，或买家对商品有其他疑问时，他们通常会通过沟通工具与客服人员进行沟通，而沟通过程中客服人员就需要解答买家的疑问，以便促成交易。

2）处理买家退换货问题。网购过程中最容易出现的问题就是买家对收到的商品不满意并要求退换货，这时客服人员要尽可能安抚买家，避免出现买家差评、投诉等问题。

3）管理买家资料。对于已经成交的买家，客服人员要对其信用等级、区域特征、行为特征、购物特征等进行归档、分类管理，针对不同类型的买家采取不同的维护措施。

4）老客户营销。通常情况下，成功购买过店铺商品的买家已经对店铺的商品或人员建立了一定程度的信任感，二次购买时会更加直接，且老客户对提高店铺的动态评分和优质的流量等都有非常大的价值，所以客服人员要通过邮件、短信等多种工具有计划、有技巧地进行老客户营销。

3. 客服日常工作管理

作为电商创业者，你要熟悉客服的日常工作，并对其售前、售中、售后业务进行指导与管理。

（1）客服售前培训。售前培训是指客服人员在开展客服工作之前，企业对其进行的岗前培训。培训内容主要包括以下三个方面。

一是心态培训。心态培训是每一名客服精英养成的必经之路。拥有消极心态的客服人员会把客服工作当成一种负担，认为这项工作很烦琐、很单调，从而影响与买家的沟通和交流，不利于促成交易。拥有积极心态的客服人员会不断总结服务经验，摸索提升客服质量的方法，从而达到提升店铺整体形象与销售额的目的。所以，对客服人员进行岗前心态培训是非常重要的。

二是沟通能力培训。要让客服人员明白：电商客服使用的是即时沟通工具，消息一旦发出就几乎无法撤回，每一条消息都会产生记录，所以每发一条消息前都要进行充分考虑，不要发模棱两可和违背平台规则的消息；每一次沟通都要明确目的，而且要力求语言精简化、通俗化，切忌表述过于专业而给非专业买家造成理解困难，使买家流失。电商客服人员由于不能与买家面对面交流，无法通过买家的语气和表情来判断买家的心理，因此一定要重视沟通能力培训，以便更好地适应客服岗位。

三是专业知识培训。客服的专业知识主要包括商品的规格型号、功能功效、材质面料等，如图 7-29 所示，它是店铺和买家之间沟通的桥梁。客服人员熟悉自己店铺商品的各项参数，向买家精准推荐其需求的商品，及时掌握店铺物流信息等，就可以有效帮助买家打消各种疑虑，从而促成交易。对客服人员进行专业知识培训的目的就是让其能够流利解答买家提出的各种关于店铺所售商品的疑问。

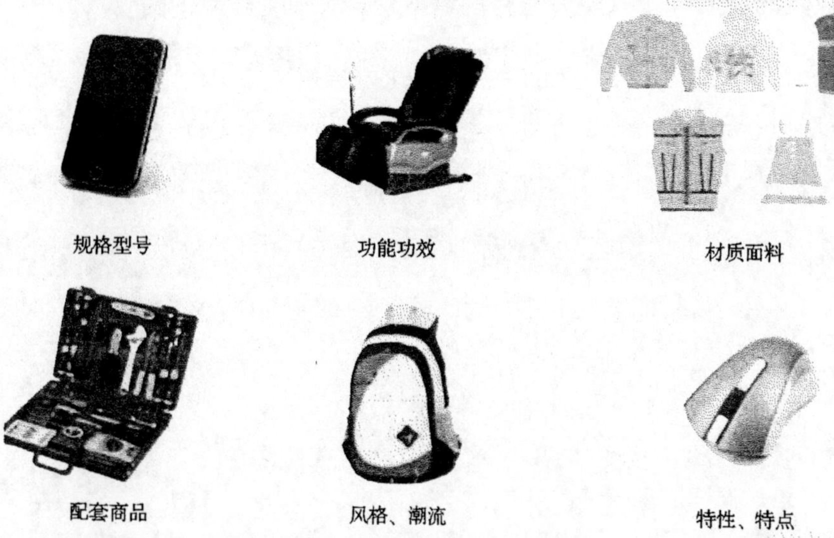

图 7-29 商品专业知识信息

（2）客服售中接待指导。客服最重要的工作环节就是售中接待，它包含从买家呼叫客服人员开始到买家离店的整个过程。作为电商创业者，你要熟知售中接待的整个流程，如图 7-30 所示，并对客服人员的售中接待工作做出指导。

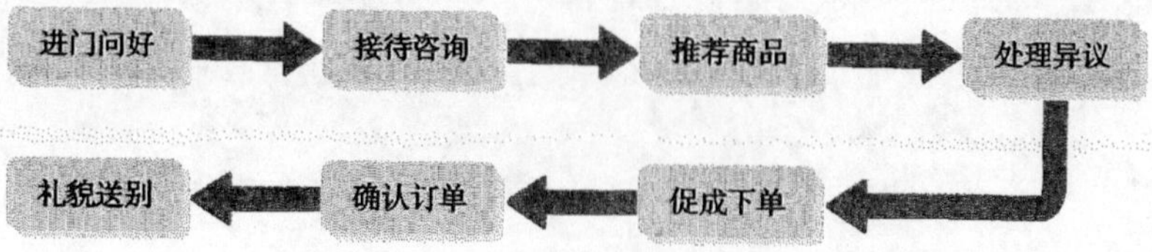

图 7-30 客服售中接待流程

1）进门问好。一句亲切的问候语对消除买家的防备心理、拉近买家与卖家之间的距离、提升买家的购物体验是非常有好处的。恰当的问候语一般是热情的、礼貌的，如图7-31所示，而不恰当的问候语一般是敷衍的、掩饰的，如图7-32所示。

买家：在吗？
卖家：您好，欢迎光临网创店，我是客服兵兵，很高兴为您效劳，请问有什么可以为您服务😊
买家：你们的这款连衣裙有红色的吗？（截图）
卖家：您好，您说的是这款吗？😊（截图）
……

图7-31　恰当的问候语示例

买家：在吗？
卖家：在
买家：你们的这款连衣裙有红色的吗？（截图）
卖家：没有
……

图7-32　不恰当的问候语示例

小贴士

创业者可以根据自己店铺的定位与特色设计出一些个性化的问候语，如某食品店铺设计的问候语为“主人，您好”，某化妆品店铺设计的问候语为“女王，您好”等，以此来拉近和买家之间的距离，体现了店铺对买家的重视。

2）接待咨询。对于买家咨询的问题，客服人员除了要及时、准确、专业地回答外，还要注意挖掘买家的潜在需求，为下一步推荐商品做出铺垫。客服人员做好接待咨询工作的基本要求是：

- 回复要及时，用词要简单。
- 要多听少说，体察买家的意图。
- 善于用引导式提问挖掘买家的潜在需求。

3）推荐商品。客服人员通过交流大体了解了买家的喜好和需求后，应将商品朝着买家可能感兴趣的方向进行推荐。推荐商品的基本要求是：

- 尽可能充分了解买家的需求。
- 结合店铺商品的库存和销量来推荐商品。
- 运用同理心，站在买家的角度给予购买建议。

4）处理异议。面对买家的疑虑，客服人员要充分理解并尊重对方的立场，然后针对买家的异议，做出合理的解释和说明，提出解决方案，并争取说服买家接受自己提出的解决方案，引导其下决心做出购买决定，如图7-33所示。

图 7-33　异议处理流程

小贴士

常用的价格异议处理方式有：

1. 赠送小礼品。

2. 突出品牌和店铺的综合保障能力。

3. 阐述商品质量或其他优势。

5）促成下单。在推荐完商品并打消买家各种疑虑的基础上，客服人员要把握节奏适时引导客户做出购买决定，具体要求如下：

- 要从发货时间、促销时间等方面引导买家及时下单。
- 态度切忌生硬，以免引起买家的反感。
- 要留有余地，给买家留出考虑的时间，不要逼得过紧。

6）确认订单。买家下单付款后，客服人员应该及时与其确认订单信息及备注信息，防止因订单信息错误而影响商品配送，降低买家体验度。如商品需配送至偏远地区，客服人员有必要提前和买家确认目前店铺所提供的快递服务能否达到，避免快递被退回，影响买家体验度，同时增加快递成本。

7）礼貌送别。对于购买商品的买家，客服人员要礼貌送别，告知买家有问题可随时联系，并期待买家的好评；对于没有购买商品的买家，客服人员也要友好相送，树立良好的店铺形象，同时期待其再次光临。

小贴士

与已购买商品的买家道别时可用“感谢您的光临，商品在使用过程中如有问题可随时与我们联系。如商品使用得好，希望您能介绍给您身边的人，期待您的好评，我们的进步离不开您的支持，欢迎您的再次光临，谢谢”。

与未购买商品的买家道别时可用“谢谢您的光临，对商品若有需求请随时和我们沟通，我们竭诚为您服务，期待您的惠顾，谢谢”。

作为电商创业者，你要不断与客服人员沟通售中接待过程中遇到的问题，及时分析与总结，将通用技巧传授给每位客服人员，以提高店铺的整体转化率。

（3）客服售后管理。售后管理是指卖家在买家付款后给买家提供的一系列服务，包含发货与物流、售后问题处理、老客户维护三个方面。在这些工作上，你也要给予客服人员足够的帮助与指导。

1）发货与物流。电商创业初期，考虑到人员成本，发货与物流工作往往由客服人员完成；对于成熟的电商企业来说，客服人员虽不用实际操作，但也要了解整个发货与物流过程，方便与买家进行沟通，为买家解答疑问。

发货过程中的商品包装情况（见图7-34）关系到物流过程中商品质量能否得到保证，同时也直接影响买家对卖家服务态度的认可度。

图7-34　商品包装效果示例

在打包商品前，客服人员首先要了解用于打包商品的常见包装材料，如图7-35所示。不同的包装材料所对应的商品是有所区别的，例如，纸板箱适合包装大多数商品，塑料袋适合包装衣物及床上用品，牛皮纸适合包装书籍类商品，PVC管适合包装字画海报类商品。

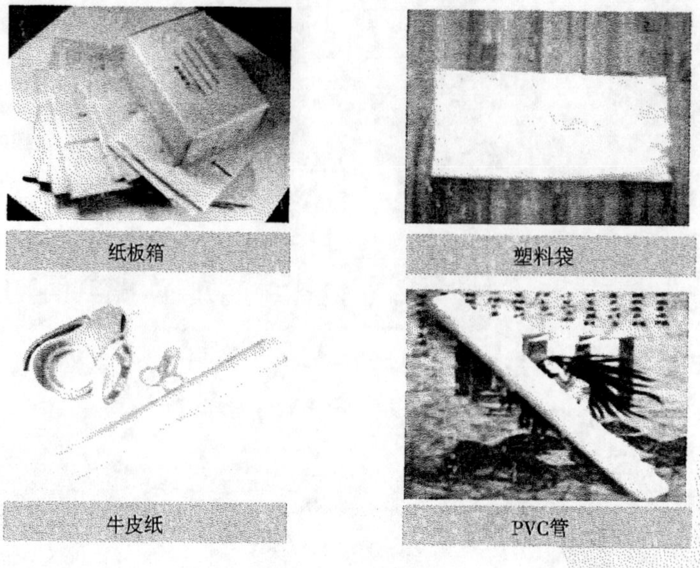

图 7-35　常见包装材料

商品打包完毕后，客服人员要选择合适的物流公司寄送商品。根据投递地域的不同，电商物流一般分为国内快递、国内物流、国际货运三类。

根据商品的实际情况选择性价比较高的物流公司后，客服人员要认真填写快递或物流面单，填写完毕后要再次到店铺后台与买家填写的物流信息进行核对，防止出现差错，并将快递或物流单号输入到后台，如图 7-36 所示。然后通过即时通信工具或手机短信等方式告知买家物流信息，包括快递物流单号、快递物流公司名称以及预计送达时间等，并提醒买家注意查收。

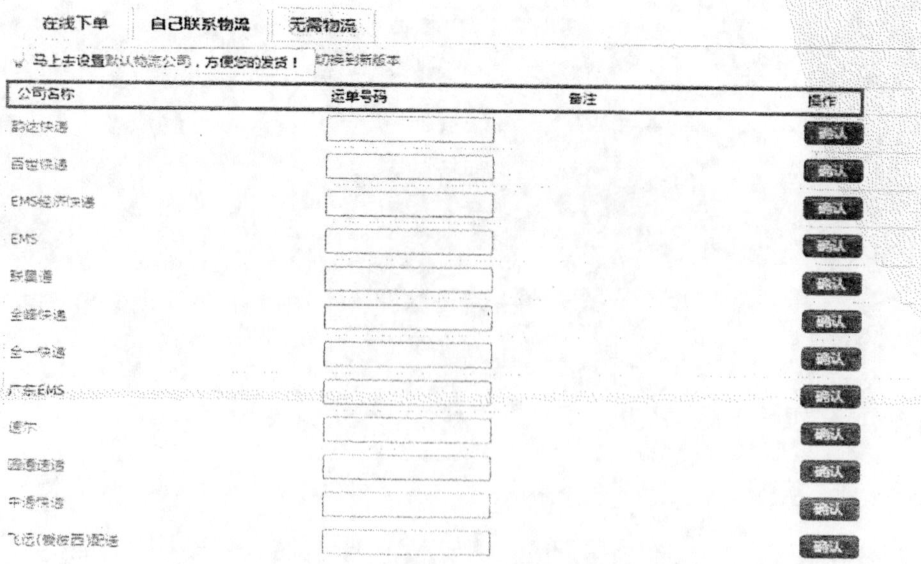

图 7-36　卖家物流信息后台（以淘宝平台为例）

小贴士

客服人员发货与物流工作要点提示：

1. 打包体现合理规范。

2. 邮费控制精打细算。

3. 及时发货刻不容缓。

4. 发货通知能早别晚。

2）售后问题处理。买家付款结束后可能会因为某种原因（如商品质量、色差、功能甚至物流等）提出质疑或进行投诉，这就需要售后客服在第一时间介入并帮助买家解决问题，提供技术指导和后续服务。售后问题处理得好坏直接关系到买家做出的评价，客服人员要换位思考，以良好的心态和周到的服务帮助买家直到其满意。

买家质疑或投诉的原因很多，针对不同原因产生的质疑或投诉，客服人员应采用不同的处理方法，见表 7-2。

表 7-2　　常见买家质疑或投诉的原因分析及其处理方法

原因分析	处理方法
商品质量不过关	要求买家提供图片或其他证明，如确系商品质量问题，要及时为买家办理退货退款事宜
买家对商品性能不了解或商品使用不当	及时与买家取得联系，告知商品的主要性能和正确使用方法，必要时向其提供详细、准确的商品使用指导文件，帮助买家熟悉商品，掌握正确的使用方法和技巧
因物流原因导致收货延迟	先安抚买家情绪，并及时与物流公司取得联系，了解延迟的原因，将结果及时反馈给买家，力争取得买家的谅解

3）维护老客户。当前电商领域竞争日益激烈，很多卖家获取新流量的成本不断提升，开发一位新客户所花费的成本远远高于维护一位老客户所花费的成本，因此，卖家要非常重视老客户的维护，并设法通过老客户获得额外流量和销量。

一般来说，电商企业维护老客户的方式主要有以下几种：

- 建立客户通信群，并对客户按照购物金额或频率等特征进行分类。
- 对不同等级老客户给予不同购物折扣率，等级越高，享受的折扣率越低。

- 有重大促销活动或新品上市时，客服人员要第一时间通知老客户，并通过发放可转让的优惠券等形式，不仅吸引老客户进行二次购物，而且可以通过老客户获得更多的新客户。

小贴士

客服人员要熟练掌握店铺所属平台在线交流工具的各项使用功能，以便快捷、方便地与买家进行交流。

（三）评价管理

电商评价是指交易完成后，买家针对交易过程中购买的商品本身及店铺的整体情况进行的客观、有效的评价。电商平台提供的买家评价权限有数据类和描述类两类。

数据类评价指的是使用可衡量的数据进行的评价，包含商品的数据评价和店铺的数据评价。商品的数据评价体现了买家对商品的满意程度，形式有十分制评价、百分比评价或好中差评价等。店铺的数据评价是指买家对店铺的综合评价，通常从商品描述相符程度、客户服务、发货及物流速度等多个维度进行评价。描述类评价指的是买家利用文字、图片、视频等方式对购物体验进行评价，如买家购买商品后对商品本身、客服态度、物流速度等进行的评价。

1. 评价管理的重要性

目前，评价管理体系实质上已经成为店铺信用的评判标准，其重要性具体体现在以下两个方面：

（1）直接影响买家的购买行为。网购过程中买家对商品没有实际的触及或直观感受，无法判断商品质量及其适宜度，因此，购买过该商品的买家从其自身实际体验出发给出的评价就成了准买家做出购买决策的主要影响因素。

（2）影响平台对商品或店铺的评价。电商平台为了保障买家利益，优化买家购物体验从而增强客户黏性，往往会将买家觉得好的商品或店铺优先推荐给其他买家。而平台这一操作将直接影响商品或店铺的点击率。

所以，作为电商创业者，你必须重视评价管理，以获取电商平台更多的流量和买家转化率。

2. 如何进行评价管理

（1）如何进行商品评价管理。如买家对商品认可，客服人员要及时表示感谢，给买家一个良好的印象，为买家复购做好铺垫。如买家对商品提出异议，客服人员要在第一时间联系买家，了解问题所在，并设法解决问题，必要时可通过协商退货等方式灵活处理。作为电商创业者，你要及时汇总买家对商品不满意的原因，不断总结和反思，及时做出改进。

（2）如何进行店铺评价管理。买家对店铺商品描述相符程度、客户服务、发货及物流速度等方面的评价可能涉及电商企业的各个部门。你要重视并及时分析这些评价，针对各方面可能存在的问题采取相应的措施，见表 7-3、表 7-4 和表 7-5。

表 7-3　商品描述相符程度维度相关管理措施

影响因素	对应部门	对应问题	管理措施
商品质量	采购	商品质量问题	严格商品用料，每道程序均需进行质检
商品尺码（服装类）	运营	测量方法有偏差，各尺码模特的试穿感受	详细描述商品的测量方法，列出详细的模特身材资料，如果尺码与标准码有差异要明确标明
商品图片	美工	实物与图片存在差异，显示器显示效果有差异	尽量上传实物拍摄图，然后放一张用于辨认显示器颜色及明亮度的图片，让买家自己校准显示器颜色后再辨认
文字描述	运营	描述过于夸张	按照实际情况描写

表 7-4　客户服务维度相关管理措施

影响因素	对应部门	对应问题	管理措施
态度	客服	服务用语不规范，买家感受不佳	规范客服专业用语，加强培训，让客服人员理解买家对店铺的重要性
响应时间	客服	响应时间过久	如果买家多，可设置自动回复，如回复慢，应先致歉并说明原因
专业知识	客服	客服人员商品知识不足，不熟悉购物流程或操作规范，解决不了买家提出的问题	对客服人员进行电商平台及商品知识等方面的培训
售后	客服	客服人员态度生硬	可根据买家的需求采取灵活的优惠措施，如买家退换货，卖家应承担全部或部分运费等

表 7-5　　发货及物流速度维度相关管理措施

影响因素	对应部门	对应问题	管理措施
发货时间	仓库	截止日期前未发货等	严格规定，必须在截止日期前发货，订单部必须在截止日期前将紧急件审核完（特殊处理）
发货延误	客服、仓库	未将缺货情况及时通知买家，订单部迟迟不审核订单等	全面实现订单 24 小时内发货，如有缺货问题，客服人员应及时通知买家
包装	仓库	包装不完整，外包装破损，打包时缺货，发错件等	配货人员要严格按照订单配货，打包人员按正常订单包装（包装符合店铺定位），遵守发货标准
问题订单	客服、仓库	对问题订单，客服人员没有备注，订单部审核通过	对问题订单，客服人员一定要详细备注并及时处理，特殊情况下订单部可以立即审核问题订单，物流部立即配货问题订单

四、店铺推广

店铺推广的目的以吸引访客、销售商品为主。初创店铺如何在短期内快速获得访客、积累基础销量、评价及权重，店铺推广往往起到至关重要的作用。

（一）推广渠道

就推广渠道分类而言，既有付费推广又有免费推广，既有站内推广又有站外推广，既有线上推广又有线下推广，创业者要根据确定的目标客户及市场定位，结合项目发展阶段及推广预算等综合考虑，以便制定出合理、有效的推广方案。电商企业往往采用多渠道联合推广的方式，来扩大店铺及商品曝光量，从而增加访客数。

1. 站内推广

站内推广是指在所经营的电商平台上获取商品曝光量和流量的推广方式。一般而言，电商平台都积累了一定体量的买家群体，电商平台会按一定规则进行流量分配。站内推广是店铺流量最直接的来源，电商创业者应该高度重视平台站内推广。

（1）获得站内免费搜索流量。商品的自然搜索流量是获取电商平台站内免费流量的主要方式。影响站内免费搜索流量的主要因素包括标题、类目和属性三个方面，此外还受到其他加权项影响，如销量、点击率、复购率、访问深度和消费者评价等。创业者要注意相关权重的积累，以获得更多的站内免费搜索流量。

（2）报名参加站内活动。电商平台会在重大节日等特定时期举办促销活动，如“6·18”“年货节”等，参加电商平台活动的商家可以获得大流量导入。除大型促销活动外，电商平台日常也会组织一些主题活动，如“家装节”“国货节”等，为参加活动的商品提供特定展示位置，增加其曝光量，使商家获得额外流量导入。

需要特别注意的是，电商平台对参加活动的商家在销量、店铺等级、违规记录等方面有较高要求。如参加站内活动，店铺需重新设计主题海报、横幅、价格、客服语言以及店铺的主页面，以迎合活动主题，进而达到更好的推广效果。

（3）站内付费推广。

1）按点击量付费推广（cost per click，CPC），是指在推广展现过程中，为使店铺或商品获得更多的展现，电商平台设计了竞价排名的模式，对参加竞价排名推广的商品或店铺进行优先展示，电商平台按照买家访问次数进行收费。

按点击量付费推广的作用主要体现在三个方面：

一是测试新产品。在一款产品的生命周期中，从展现到脱颖而出，再到进入快速成长期，需要一段时间的检验。按点击量付费推广恰巧能够给予新产品一次前排展示的机会，能够快速测试新产品的市场反应，这对日后的产品线规划具有很好的指引作用。

二是测试商品主图。店铺可以在同种推广条件下使用多张不同的主图，在外部条件相对一致的情况下，根据点击数据选出最符合买家视觉偏好的主图。

三是快速引流，增加商品权重，打造爆款商品。按点击量付费推广可以被理解为一种“插队”引流方法，能够在短期内获得更好的展现位置和精准流量。

2）按成交量付费推广（cost per sale，CPS），是指店铺按照推广所产生的实际销售收入支付销售费用的模式。目前很多电商平台都设置了按成交量付费的推广方式，如淘宝平台的淘宝客和京东平台的京挑客等。

按成交量付费推广的特点如下：

一是推广风险低。目前很多推广方式都以吸引买家关注或进店购物为目的，投入产出比很难达到预期效果，甚至可能出现严重亏损；而按成交量付费推广是以促使买家购买商品为直接导向的推广方式，只有买家购买商品，店铺才会支付一定比例的费用，这种付费方式风险较低。

二是推广渠道宽。大部分推广方式都是依托某单一电商平台展开的，客户来源相对单一，而按成交量付费推广则拓宽了推广渠道，在只考虑成交量的前提下，承接推广任务的推广者可以选择各种线上、线下推广渠道，增加了客户的多样性。

3）按展现量付费推广（cost per mille，CPM），是指店铺按照每千人看到或听到广告的量进行付费，计费单位为每千次浏览单价。

按展现量付费推广的作用主要体现在以下两个方面：

一是大流量导入。电商平台往往会将推广的商品或店铺放置在平台流量的聚焦位置，让商品或店铺在短时间内迅速获取大的流量，这对于提升店铺、访客数和销售额具有非常直接的作用。

二是精准投放。电商平台为了优化客户投入产出比，往往会对不同客户在平台浏览的内容及习惯进行数据分析，提供多种方式锁定目标人群，从而实现精准投放。

2. 直播推广

直播作为一种新的技术形式，因其有较强的直观性、互动性，现已成为重要的推广渠道。随着 5G 时代的到来，很多直播平台快速发展，积累了庞大的用户数量，形成了巨大的购买力，促进了“直播 + 电商”的快速结合，很多电商创业者利用直播平台推广。一些直播平台本身已经发展成成熟的电商生态圈，传统电商平台也为商家开通了直播通道，这也为电商直播推广创造了良好的平台基础。

直播不仅可以增强商品展示的直观性，还能增强与用户的互动性，从而提高转化率。

3. 社交平台推广

目前社交平台已经成为电商营销推广领域的重要渠道。社交平台推广基于人与人之间的社交关系，能够帮助电商创业者获得更为精准的流量。通过社交平台，用户能够更直接地与商品进行互动，推广效果较好。利用社交平台时，电商创业者应该注重用户的体验与参与感的建立，同时搭建属于自己的“私域流量池”，并深度运营，以实现持续推广的目标。

4. 线下推广

随着电商的深度发展，线上线下结合趋势日益明显。电商创业者在布局线上推广的同时，可以根据项目的类型和发展阶段进行线下推广，以达到更好的推广效果。

（1）利用名片推广。很多电商创业者将自己的店铺名称或者店铺链接二维码印于名片上，这在无形中宣传推广了自己的店铺，能够给店铺带来一定的流量和销售额。

（2）利用宣传单推广。宣传单中可以设计希望买家给予好评、店铺链接二维码、二次购物优惠码等信息。将宣传单置于商品包裹中，配送给买家，对买家可以起到很好的引导作用。你可以根据自己的实际情况确定印刷宣传单的品质，如手写版、彩色版、黑白版等。

（3）利用交流活动推广。有些电商创业者会组织运营交流、推广技巧交流等沙龙活动，你可以积极参与此类活动，在活动中你不仅能学到专业的知识和技能，更能适时地宣传和推广自己的店铺以及商品，提升自己在行业内的知名度。

总之，线下引流推广的方式很多，你要把握一切可能的机会来宣传和推广自己的店铺和商品。

5. 矩阵推广

矩阵推广是一种新型推广理念，即打破单一的推广渠道，构建立体的推广体系。矩阵推广可以更好地增加店铺及商品的曝光率，从而实现推广效益最大化。随着新媒体平台越来越多，为了获得更高曝光率和转化率，很多电商企业往往运用多平台、多账号推广模式，形成推广“矩阵”进行推广引流和品牌建设等活动。

未来，随着信息通信技术的不断发展和各项新技术快速推出，VR 等新形式将应用于推广之中。作为创业者，你要不断把握新的变化和趋势，以赢得更好的发展。

（二）推广形式

内容是推广的核心，推广内容的呈现形式往往是多元的。不同的推广形式有不同的特点和应用场景，在实际推广中，你应该掌握每种推广形式的特点，并灵活使用，以达到最佳的推广效果。

1. 图文类

图文类推广形式指用图片及文字传达商品及促销信息。利用这种形式可以深度介绍商品及促销信息，能够引起客户的共鸣，从而提高点击率和转化率。

图文推广信息应该主题明确、图片精美、文字内容篇幅适度、互动性强。能够引起阅读者的点击、点赞、评论及购买欲望是图文类推广的重要目标，为了激发潜在客户的互动欲望，在图文中突出产品卖点、植入互动话题是比较有效的一种做法。图 7-37 所示为一家沙发销售企业制作的横版推广海报。

图 7-37　横版推广海报示例

2. 视频类

视频类推广是以视频为内容载体的推广形式。这种推广形式内容呈现直观，题材更加丰富，视觉冲击力强，用户留存性高，是店铺推广引流的重要形式，特别是短视频类型发展迅速。短视频以短、平、快的大流量传播方式快速获得大量的用户。各类直播、社交平台和电商平台纷纷接入短视频功能。电商创业者应把握时机，恰当利用短视频进行推广。需要注意的是，内容是视频类推广的核心，优质的视频内容可以更好地留存用户，从而实现推广目标。视频类推广时要结合商品定位做好设计，而且要考虑发布平台的条件和运营规则，以便取得良好的推广效果。

3. 音频类

近年来许多音频 App 发展快速，且流量大、用户质量高，相比于视频类形式，音频类推广竞争小，目标用户更加精准，创业者可以利用音频做品牌推广和产品销售。

音频内容可以自己录制，也可将时下火爆的视频内容用音频的形式重新呈现（应注意侵权风险）；音频内容应为“干货”，其中可以嵌套自己的品牌、店铺及商品信息，同时增加案例、故事内容，提高可听性。此外，音频内容应避免逻辑层层嵌套，要符合听众的收听习惯。音频可以多平台推广。

不同的推广形式适用的平台、目标客户及推广目的是不同的，其展现方式和关键要素也不尽相同，但是各种形式的内核是趋同的，优质的文案、脚本和内容是获得良好推广效果的基础和关键，作为创业者的你，应该不断学习和积累相关内容。

（三）推广规划

电商创业者选择推广渠道和推广形式，进行推广规划时应综合考虑以下三方面因素：

1. 成本因素

店铺在运营初期首先要关注的就是成本和现金流问题，且推广初期通常不能很快产生收益，所以选择推广渠道时要考虑企业流动资金充盈度能否满足推广要求，以便做好现金流量计划及投入产出比的测算工作。

2. 客户因素

推广的核心目的是将店铺或商品推广给潜在客户，以促使其产生购买行为，而每一条推广渠道对应的客户是不同的，所以，你要根据市场调研情况分析自己的潜在客户适合采用哪种渠道及哪种形式。

3. 时机和项目阶段

店铺运营初期，如果不确定该推广哪一款商品，你可以选择免费推广渠道进行测试，找出转化率较高的商品。在出现某一款转化率较高的商品时，你要增加该商品的展现量，利用关联营销将店铺更多的商品展现给更多的客户，以达到推广的目的。

知识拓展

软文营销

软文是基于特定商品的概念诉求与问题分析，对消费者进行针对性心理引导的一种文字形式。软文营销即利用软文形式在各种传播媒介中开展营销活动。

1. 软文的形式

（1）悬念式软文。也称设问式软文，其核心是提出一个问题，然后围绕这个问题自问自答。这里要注意尺度的把握，提出的问题要有吸引力，答案要符合常识，而且要隐含宣传的内容。

（2）故事式软文。讲述一个完整的故事，在故事中植入商品信息，利用商品的“光环效应”和“神秘性”给消费者心理造成强烈暗示，以促成销售。故事富有知识性、趣味性、合理性是该类软文成功的关键。

（3）情感式软文。该类软文信息量大，针对性强，内容易打动人，易与客户产生情感上的共鸣，能够走进客户的内心。

（4）恐吓式软文。该类软文属于反情感式诉求，软文内容直击客户“软肋”，使客户印象深刻。撰写和发布此类软文时务必把握好尺度，以免引起客户反感。

（5）新闻式软文。该类软文通常以记录新闻事件的手法撰写，使读者产生信服感。撰写此类软文时要结合店铺实际情况，内容不能过于夸大。

2. 软文写作技巧

（1）软文标题写作技巧。读者通常会根据软文标题来判断其与自己的喜好是否吻合，从而做出取舍，因此，好的软文，其标题必须能够吸引读者。常见的软文标题类型有悬念型、价值型、趣味型等。采用疑问句式和反问句式标题往往容易引发读者好奇。

（2）软文内容要结合热点。热点往往最具话题性和吸睛性，软文一定要聚焦网络最新热点，将需要呈现的宣传信息和网络热点有机结合，以激发读者的阅读兴趣。

（3）软文排版要清晰，分段要合理，每段内容最好标注小标题，以便有效传递软文的重点，让读者一目了然。

（4）恰当地融入广告信息。最好的做法是将广告放在文章的最后，起到一个反转的效果，这样不易引起读者反感。但是，如果你的软文写作能力较弱，那么软文的广告就切勿放在最后，因为文章内容如果不具吸引力，读者可能还没有读到最后就已经关闭了网页，这种情况下建议你把广告放在软文的第二段，使读者在被第一段内容吸引之后自然地接受广告信息。

案例 7-2

选择推广途径

小兵开办店铺两个月，发现店铺的销量很不理想。通过分析后台数据，他发现店铺每天的访客只有十几人，此时小兵认为自己有必要开展一些推广活动来提高店铺的访客量。那么，他应该选择哪种推广途径呢？

考虑到创业初期要尽可能减少支出、降低成本，所以他采取了免费推广的方式。一个月过去了，小兵发现自己店铺的访客数和销量虽然都有一定程度的提升，但效果仍未达到预期。付费推广会不会效果更好？小兵抱着试一试的态度花了 500 元开展付费推广。当这些推广费用全部花完后，小兵发现虽然店铺的访客数和销量又有了一些提升，但投入产出比仍没有达到当初的设想。

到底该如何选择推广途径呢？小兵带着疑问找到网创导师。通过网创导师的指导，小兵终于明白：从大的方面讲，免费推广虽然投入成本低，但是见效较慢，需要一定的积累；付费推广虽然见效快，但投入产出比不可控。因此，选择推广途径一定要综合考虑多方面因素。

小贴士

1. 为了更好、更快地对店铺或商品进行推广，在考虑成本和投入产出比的基础上可以选择免费、付费组合的方式，检测两种方式所带来的访客数和转化率情况，你可以按照数据变化对店铺的商品进行分类推广。

2. 你可以咨询行业领域相关专家或创业导师，他们会根据已有经验给出专业性的建议。

3. 每一家推广比较成功的店铺都有其成功的原因，你可以参考同行（同类型商品店铺）的推广方式，然后结合自己的实际情况合理选择。

五、财务计划

财务计划是电商创业者在创业过程中必须认真考虑的问题，很多电商创业者就是由于忽略对财务的有效计划而功败垂成。创业需要激情，更需要理性规划。电商创业者在创业之初必须明确：创办电商企业需要投入多少资金？这些钱从哪里来？如何控制成本？项目能否盈利？这些都是非常关键的问题，也是电商创业者无法回避的问题。

（一）预测启动资金

启动资金是开办电商企业并使其正常运转所需准备的所有资金，包括支付电商平台，购买（租赁）办公场地、设备、办公家具，采购原材料和成品（半成品），推广项目，支付员工薪酬以及日常办公支出等费用。

归纳起来，这笔资金可分为投资和流动资金两类。

1. 投资

投资是指为开办电商企业而购置的固定资产和无形资产，以及需要支付的开办费用和其他投资的总和。

（1）固定资产。固定资产是指为开展电商创业而专门购买的价值较高、使用寿命较长的资产，如购买的办公设备或交通工具等。一般情况下电商企业创办之初，其固定资产投资主要集中于购买办公用房以及计算机、拍摄设备、打印机等。作为电商创业者，你要设法将必要的投资降低到最低限度，使企业少担风险，避免一次性投入大量资金，可分批、分阶段地采购或租赁设备。

（2）无形资产。无形资产是指企业可长期使用、不具有实物形态但能带来经济收益的资产，如特许经营权（商标特许使用权、商品特许经营权、运营模式特许经营权）、商标权、专利权、大型软件专利等。

（3）开办费用。开办费用是指为了开展电商创业而需要支出的工商、税务登记费和电商平台使用费等。目前，在 C2C 类平台（如淘宝）上注册店铺，可以不用申请工商注册，且平台费用较低；而在 B2C 类平台（如天猫、京东等）上注册店铺，就需要支付相对较高的平台费用。

（4）其他投资。除上述投资外，开办电商企业可能还要投入的其他费用，如一次性装修费等。

2. 流动资金

流动资金是指为保障企业正常运转所要准备的资金。很多电商企业可能需要运作一段时间后才会有稳定的销售收入，为确保企业能够持续经营，创业者必须准备一定的资金用于支付创业前期的日常开销。流动资金通常包括购买原材料和成品费用、店铺推广费用、物流费用、员工薪酬和其他费用。

（1）购买原材料和成品（半成品）费用。以销售实物为主的电商企业需要购买原材料或成品（半成品），以提供服务为主的电商企业也可能需要采购一些原材料或半成品。无论是直接采购成品用以销售还是采购原材料或半成品用以生产成品或提供服务，都涉及资金的使用，因此你需要控制采购成本以使资金得到合理分配。例如，在采购时货比三家，或者选择稳定的货源，以获得更低的采购价格。

（2）店铺推广费用。为了使你的电商企业在电商平台中获得必要的流量，以增加展现量和访客数，一定的店铺推广是必不可少的。因付费推广而产生的费用均应列入此项。如在电商企业开办以后，你准备采用按点击量付费的方式进行推广，那么你需要考虑这笔费用的预算是多少，你必须有所计划和设定，并将此额度纳入启动资金测算范围内。

（3）物流费用。电商企业运营过程中的物流费用包括进货过程中发生的运费、因退换货发生的费用以及因发货而产生的费用等。

小贴士

1. 在测算电商企业的发货物流费用时往往容易受不同物流公司的费用标准影响。为了做好发货物流费用的测算，你需要事先了解不同物流公司的收费标准、优惠措施、物流服务区域、物流服务水平等信息。为了增强客户的物流服务体验，你也可以选择多家物流公司进行发货。

2. 过度节约发货物流成本可能会降低客户的购买体验，进而影响其对店铺的整体评价。

（4）员工薪酬。员工薪酬是电商企业短期内产生的较大成本开支，它关乎团队的稳定性和工作积极性。如果你雇用了员工，那么无论有无资金回流，你都必须准备充足的资金来支付员工薪酬。计算员工薪酬时，你可以根据第六步“团队组建”中的内容，结合企业实际进行测算。

（5）其他费用。其他费用包括平台店铺装修费、水电费、宽带费、电话费、房屋租金、仓储费用、商品损耗费用、保险费、财务费用等。

进行电商创业时，可以允许短期亏损，但不能缺少流动资金，维持基本的流动资金是企业生命线所在。

小贴士

在预测电商企业启动资金时，一方面要注意预测要素的全面性，防止遗漏；另一方面要预留足够的资金直至企业稳定运转，这个时间段一般为3~6个月。

案例7-3

预测店铺启动资金

小王打算在某电商平台上开设一家专卖女装的店铺。由于刚开始创业，她本着节约高效的原则，打算在自己家里运营店铺。小王根据所学内容及店铺实际情况对自己开办这家店铺所需要的启动资金进行了以下测算，见表7-6。

表7-6 店铺启动资金测算表 元

类别	项目	前3个月启动资金	备注
投资	电商平台使用费	1 000	如消费者保证金等
	购置计算机	4 500	因为是刚开始创业，业务量尚不确定，所以打算自己手写物流运单，待业务量达到一定规模后再购买打印机统一打印
	办公家具	300	
小计		5 800	

续表

类别	项目	前3个月启动资金	备注
流动资金	水电费	450	
	宽带费	1 200	不同运营商的宽带费标准有差异，须结合实际考虑
	电话费	750	
	员工薪酬	0	因刚开始创业，没有员工，自己的工资暂不提取，但后续须计入成本
	店铺装修费	90	此处费用可以考虑两个部分，一是购买店铺模板的费用，二是店铺装修外包的费用。小王考虑购买店铺模板后自己装修
	采购原材料或成品（半成品）费用	35 000	由于刚开始创业，预计业务量不会很大，故对每种货品采购数量进行了控制，计划按此金额准备采购资金
	店铺推广费用	6 000	
	物流费用	2 000	
小计	45 490		
合计	51 290		

（二）选择融资渠道

你已经确定了企业所需启动资金总额，现在你要考虑从哪里筹措到这笔资金。除个人积蓄外，你可以尝试通过以下渠道进行融资。

1. 天使投资

天使投资是自由投资者或非正式风险投资机构对原创项目构思或小型初创企业进行的一次性前期投资。

2. 网络众筹

网络众筹是一种创新的互联网融资模式，创业者利用互联网平台发布筹款项目并在预定时间内募集资金，有意向的网友按约定条件投资。项目筹款必须在设定的时间内达到目的才算成功。

3. 电商平台提供的小额贷款

一些电商平台为了解决平台商家初创时期的资金难题，可以给商家提供贷款服务。电商创业者可以结合各电商平台小额贷款项目的特点、条件，以及自身实际情况有针对性地选择和申请贷款。

小贴士

对于各电商平台具体贷款项目和细则，你可以登录相应平台查询获悉。

4. 合伙融资

合伙融资是指按照“共同投资、共同经营、共担风险、共享利润”的原则，直接吸收个人或单位投资进行合伙创业的一种筹资途径和方法。合伙创业不但能够筹集到资金，还可以充分发挥人才的作用，同时有利于对各种资源进行利用和整合，尽快实现盈利，并降低创业风险。

各类融资渠道优、缺点详见表 7-7。

表 7-7　　不同融资渠道的优缺点比较

融资渠道	优点	缺点
天使投资	投资者一般不参与企业经营	创业项目须有独特的理念或技术 金额较小，一次性投入 对后续股权会有一定影响
网络众筹	开放性大 融资风险小 有利于获取更高知名度 能与营销有机结合 可吸引潜在长期支持者	对项目要求较高 需有一定的创新性或可发展性，能够吸引投资者
电商平台小额贷款	手续灵活	额度不高 对贷款人信用有一定要求

续表

融资渠道	优点	缺点
合伙融资	有利于对各种资源的利用和整合，增强企业信誉 能尽快形成生产能力，有利于降低创业风险	容易产生意见分歧，降低办事效率 合伙人之间可能因为权利与义务的不对等而产生矛盾 不利于合伙基础的稳定

在融资过程中，除了考虑各类融资渠道的优、缺点外，你还必须认真考虑以下因素：

- 自己的个性和价值观。如果你的个性比较鲜明，很多事情喜欢独断，那么合伙融资未必适合你。
- 创业项目性质和特征。如果项目创新性比较强，商业模式比较可行，不妨采用天使投资的渠道进行融资。
- 融资方式对未来企业经营的影响度。有些融资渠道会对企业的股权和经营者的决策权造成一定影响，你必须权衡利弊后再做决定。

小贴士

国家为了鼓励小微企业创业者创业，出台了多项利好的法规和政策，为小微企业创业者创业创造宽松的环境。与此同时，互联网金融的发展为小微电商企业创业者提供了灵活多样的融资渠道。在寻找资金进行电商创业时，为了获得更好的融资条件，建议你多了解这些渠道和资源。

（三）预测利润

通过“预测启动资金”和“选择融资渠道”两部分内容的学习，你已经知道了你需要的启动资金和解决这些资金困难的渠道。现在你要关注企业怎样赚钱的问题，这对你而言至关重要，因为只有获得利润，你的企业才能持续发展。

预测企业的利润一般分三步进行：预测销售总收入→测算总成本→计算企业利润。

1. 预测销售总收入

销售总收入一般按照以下公式计算：

店铺销售总收入 = 访客数 × 转化率 × 客单价

案例 7-4

预测店铺销售收入

由于刚开始创业，自身资源有限，小王的女装店铺决定代理销售某知名品牌女装，部分商品售价情况见表 7-8。

表 7-8　　商品售价情况

商品名称	销售价格（元）
2021 秋新款修身印花连衣裙	218
2021 秋格子背带短款连衣裙	198
2021 秋新款长袖连衣裙	228
2021 秋条纹连帽连衣裙	268
2021 秋显瘦长裤	168
2021 秋显瘦小脚牛仔裤	188
2021 秋宽松显瘦长袖打底针织衫	198
2021 秋长袖套头毛衣	228

小王预测销售收入的过程如下：

（1）预测店铺访客数。店铺访客数的多少受店铺定位、店铺推广等因素影响。小王认为，作为一家新开办的店铺，在自然状态下，由于访客数量有限，前期应采用一定的推广方式来推广。小王预测，通过推广，店铺刚开始 3 个月的访客数情况如下：

第一个月，准备利用电商平台对新店铺流量的支持，原价试销商品，预计日访客数在 100 人左右，月访客数在 3 000 人左右。

第二个月，随着电商平台对新店铺流量支持的减少，为了吸引和保持一定的访客数，小王决定按6折进行促销，预计日访客数160~180人，月访客数约5 000人。

第三个月，随着访客数的提升和一定数量买家的积累，小王计划继续采用促销方式，但是考虑到老客户的感受以及利润目标，促销力度有所减弱，计划按8折进行促销，预计日访客数130~150人，月访客数约4 500人。

（2）预测店铺的平均转化率。小王发现要独立测算一家店铺的平均转化率有些困难，在详细了解店铺所在电商平台女装的平均转化率（3.5%~4%）并询问一些长期从事店铺女装销售的朋友后，基于店铺实际，小王保守预计店铺未来3个月的转化率分别为2%、3.5%和3%。

（3）预测店铺平均客单价。小王了解到，店铺定位、商品价格、关联销售、客户服务、老客户回头率等都会导致客单价波动。考虑到自己代理的是知名女装品牌，在销售方面会有一定的优势。同时，她计划搭配丝巾、围巾等商品，以带动关联销售。保守预计，前3个月的客单价分别为300元、230元和280元。

（4）测算销售总收入。在完成前面三步工作的基础上，小王对自己店铺前3个月的销售收入做了测算，见表7-9。

表7-9　预测店铺前3个月的销售收入

	第一个月			第二个月			第三个月		
详细情况	访客数（人）	转化率（%）	客单价（元）	访客数（人）	转化率（%）	客单价（元）	访客数（人）	转化率（%）	客单价（元）
	3 000	2	300	5 000	3.5	230	4 500	3	280
销售收入（元）	18 000			40 250			37 800		

2. 测算总成本

总成本是指为了在网上销售商品或提供服务而支出的所有费用，包括采购原材料、支付员工薪酬、店铺推广费用等。电商企业经营中所发生的所有成本可以概括为固定成本和变动成本两大类。

固定成本是指在一定时期内不随企业业务量变化而变化的成本，如房租、折旧、电商平台使用费、员工薪酬、宽带费等。即使店铺某月的销售额只有500元，但也必须支出这些费用，这就是固定成本。

在这些固定成本中，折旧是一种特殊的成本，它是固定资产因时间流逝不断贬值而产生的一种成本，如设备、车辆、工具等都会发生折旧。它虽然不是企业的现金支出，但仍然是一种成本。由于折旧是针对固定资产而言的，因此计算成本时你只需要计算固定资产（有较高价值和有较长使用寿命的资产）的折旧价值。表7-10所示是我国税法规定的一些固定资产计算折旧的最低年限，这个折旧年限适合大多数小微型电商企业。

表7-10　　固定资产最低折旧年限一览表

固定资产类型	折旧年限
房屋、建筑物	20年
机器、机械和其他生产设备	10年
器具、工具和家具	5年
飞机、火车、轮船以外的交通工具	4年
电子设备	3年

小贴士

我国税法规定的折旧年限只是各项固定资产的最低折旧年限，企业可以根据固定资产的属性和使用情况，在比规定的最低折旧年限更长的时限内计提折旧。

变动成本是指在一定时期内随着业务量增减而呈比例增减的成本，如材料成本。例如，一件衣服的定价是260元，其进货成本是140元，如果卖掉两件，进货成本就是280元，这就是变动成本。

案例 7-5

测算店铺总成本

在前面的案例中，小王根据所学内容完成了预测店铺销售收入的工作。为了更好地把握店铺的营收情况，小王决定继续对店铺的运营成本进行预测。

（1）预测变动成本。小王考虑到自己做的是品牌代理业务，库存量不多，因而这 3 个月中主要的可变成本是采购所卖女装的进货成本（采购成本约为销售收入的 60%）以及相应的推广费用和物流费用。预测前 3 个月变动成本情况见表 7-11。

表 7-11　预测前 3 个月店铺变动成本　元

项目	第一个月	第二个月	第三个月	合计	备注
店铺推广费用	1 800	4 025	3 780	9 605	按销售收入的 10% 测算
物流费用	540	1 207.5	1 134	2 881.5	按销售收入的 3% 测算
采购成本	10 800	40 250	28 350	79 400	
总计	13 140	45 482.5	33 264	91 886.5	

（2）预测固定成本。由于店铺刚刚开业，小王觉得自己一个人能够胜任目前店铺经营的相关工作，因而不打算聘用员工。表 7-12 是小王结合自己店铺的实际情况对前 3 个月店铺固定成本做出的测算。

表 7-12　预测前 3 个月店铺固定成本　元

项目	第一个月	第二个月	第三个月	合计	备注
员工薪酬	3 000	3 000	3 000	9 000	虽然不拿工资，但仍须计入成本
宽带费	100	100	100	300	按 1 200 元 / 年计
电话费	250	250	250	750	

续表

项目	第一个月	第二个月	第三个月	合计	备注
水电费	150	150	150	450	
折旧	130	130	130	390	
购买装修模板费用	30	30	30	90	
电商平台使用费分摊	84	84	84	252	按年分摊
总计	3 744	3 744	3 744	11 232	

（3）测算店铺总成本。在测算固定成本和可变成本的基础上，小王对店铺前 3 个月的运营总成本进行汇总计算，见表 7–13。

表 7–13　测算店铺前 3 个月运营总成本　元

项目	第一个月	第二个月	第三个月	合计
固定成本	3 744	3 744	3 744	11 232
可变成本	13 140	45 482.5	33 264	91 886.5
总成本	16 884	49 226.5	37 008	103 118.5

3. 计算利润

在测算完销售总收入和运营总成本之后，就可以测算出企业的利润。一般可按以下公式计算：

利润 = 销售总收入 – 运营总成本

案例 7–6

测算利润

根据前面案例内容，小王对自己店铺的利润进行了如下计算，见表 7–14。

表 7-14　　　　计算店铺前 3 个月利润　　　　元

项目	第一个月	第二个月	第三个月	合计
销售总收入	18 000	40 250	37 800	96 050
总成本	16 884	49 226.5	37 008	103 118.5
税前利润	1 116	−8 976.5	792	−7 068.5

从小王店铺的营收情况来看，第二个月通过大力度的促销，虽然销售收入上去了，但亏损了 8 976.5 元，其他两个月虽有一定赢利，但是额度并不大，不能很好地支撑店铺的良性发展。因而小王需要填写具体的店铺规划书以便更好地梳理自己的创业项目，再决策项目是否继续实施。

六、店铺规划书

店铺规划书是网络创业者计划创立项目的书面描述，一份优秀的店铺规划书往往会使创业达到事半功倍的效果。

（一）什么是店铺规划书

店铺规划书以书面形式全面描述店铺的运营概要和发展规划。它从店铺简介、店铺发展规划（3 个月）两个方面介绍店铺的平台定位、货物来源、客户定位、商品定位，以及店铺的启动资金、团队构成、推广手段、利润分析等。

（二）店铺规划书的构成

一般情况下，店铺规划书可以包含以下项目，见表 7-15。

表 7-15　　　　网络创业（电商）店铺规划书

店铺简介	店铺用户名	
	店铺名称	
	店铺地址	
	主营产品类型	

续表

<table>
<tr><td rowspan="5">店铺简介</td><td>货物来源</td><td colspan="3"></td></tr>
<tr><td>客户群定位（年龄、人群）</td><td colspan="3"></td></tr>
<tr><td>商品价格定位</td><td colspan="3"></td></tr>
<tr><td>商品数量</td><td colspan="3"></td></tr>
<tr><td>当前信用等级</td><td colspan="3"></td></tr>
<tr><td rowspan="20">店铺发展规划（3个月）</td><td rowspan="3">启动资金</td><td colspan="2">开办费用：</td><td rowspan="3">合计：</td></tr>
<tr><td colspan="2">固定资产：</td></tr>
<tr><td colspan="2">流动资金：</td></tr>
<tr><td rowspan="2">团队建设</td><td colspan="3">招聘人数：</td></tr>
<tr><td colspan="3">人员分工：</td></tr>
<tr><td rowspan="5">主要推广手段</td><td rowspan="2">免费推广</td><td colspan="2">选择推广途径与原因：</td></tr>
<tr><td colspan="2">预期效果：</td></tr>
<tr><td rowspan="3">付费推广</td><td colspan="2">选择推广途径与原因：</td></tr>
<tr><td colspan="2">预计投入：</td></tr>
<tr><td colspan="2">预计产出：</td></tr>
<tr><td>日均访客数</td><td colspan="3"></td></tr>
<tr><td colspan="4">注：日均访客数=3个月内店铺各页面的访问总人数/3个月总天数。</td></tr>
<tr><td>转化率</td><td colspan="3"></td></tr>
<tr><td colspan="4">注：转化率=（产生购买行为的客户人数/所有到达店铺的访客人数）×100%。</td></tr>
<tr><td>日均成交访客数</td><td colspan="3"></td></tr>
<tr><td colspan="4">注：日均成交访客数=日均访客数 × 转化率。</td></tr>
<tr><td>客单价</td><td colspan="3"></td></tr>
<tr><td colspan="4">注：客单价=3个月内总成交金额/3个月内总成交客户数。</td></tr>
<tr><td>总收入</td><td colspan="3"></td></tr>
<tr><td colspan="4">注：总收入即3个月内交易成功的商品交易总额。</td></tr>
</table>

续表

店铺发展规划（3个月）	总成本	
	注：总成本即3个月内各类成本费用总额。	
	净收入	
	注：净收入＝总收入－总成本。	

（三）店铺规划注意事项

1. 店铺规划应该符合店铺定位及其承受能力。

2. 店铺规划分析中访客数、转化率、客单价等应符合行业规律和企业运营设计，切合实际。

3. 计划应客观、完整，前后逻辑应一致、清晰。

即使店铺规划得再好，在实施过程中也会遇到各种各样的问题，此时就需要考虑如何优化创业项目。关于如何优化项目的内容，将在下一步中介绍。

第八步　项目优化

创业的核心目标是获得利润，在前面的学习中，你了解到，创业过程中影响利润的因素众多。创业环境的变化、市场定位的变化、营销方式的变化都会对你的运营目标产生影响。为了让你的创业项目能够持续发展，你要不断地对创业项目进行优化。

一、项目优化要素

（一）创业目标

创业目标是创业的重要方向和动力。每位创业者都会设定自己的创业目标。从项目发展阶段的角度来说，设定的目标有短期目标和中长期目标。从设定目标的维度来说，创业目标往往会涉及财务目标、营销目标、企业发展目标等。

创业者根据项目发展情况以及目标达成情况对创业目标进行优化是十分重要的。

（二）市场定位

市场定位是为使产品或服务在目标客户心目中占据较竞争对手的产品或服务更清晰、更特别和更理想的位置而进行的设计。如前所述，市场定位可以从目标客户定位营销渠道定位和产品策略定位等维度考虑。创业项目运营一段时间后，创业者要结合创业环境和外部竞争环境等因素优化项目的市场定位，以保证创业项目的竞争力。

（三）产品或服务

产品或服务不断优化迭代是创业项目持续发展的基础。创业者在项目运营一段时间后，应结合市场等环境因素的变化不断优化产品或服务。

（四）营销方式

网络等应用性技术的不断发展，催生出许多新的营销方式。例如，随着移动互联网应用的快速发展，直播、短视频等电商新模式在营销过程中被广泛使用，这在很大程度上冲击了许多传统营销方式。创业者要根据项目和营销环境的变化，不断优化营销方式。

（五）内部管理

创业项目优化是一个内外兼修的过程。除了优化外部环境外，还要考虑到众多的内部优化要素，例如，创业内部管理的优化、创业团队的优化、业务流程的优化、企业文化的优化等。内部优化对提升创业企业的管理效率和竞争力有着重要的意义。

以上只是创业者要重点考虑的创业项目优化要素，然而创业项目优化的要素远不止于此，还涉及财务优化、物流优化、供应链优化等方面。不同类型的电商创业企业要根据自身发展阶段和遇到的实际问题对项目进行针对性的优化，以便达到项目优化的目标。

二、运营优化维度

对于电商创业来说，项目优化的核心环节就是对店铺运营的优化。

要想开展店铺的运营优化，首先要了解客户的购物行为习惯。通常情况下，买家购物流程如图 8-1 所示。

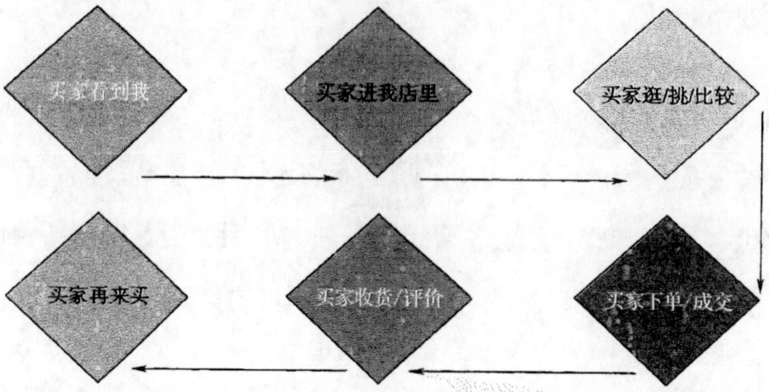

图 8-1　买方购物流程图

注：图中的“我”指代卖家。

从图 8-1 中可以发现，促成“买家下单 / 成交”应具备 3 个条件：

首先，要让“买家看到我”，卖家须扩大店铺商品的展现量。

其次，要让“买家进我店里”，卖家须提升店铺商品的点击率。点击率指的是商品一段时间内获得展现量中点击次数的占比。如某商品一天的展现量为 1 000 次，点击该商品的次数有 100 次，则该商品的点击率为 10%。

最后，要让“买家逛 / 挑 / 比较”，并最终实现下单，从而提高店铺商品的成交转化率和客单价。如前所述，成交转化率指的是商品一段时间内获得的点击访客人数中成交访客数的占比，客单价指的是一段时间内平均每位成交访客购买商品的平均金额。如某商品一天获得的点击访客人数是 100 人，其中成交买家数 2 人，实现销售收入 60 元，则该商品的成交转化率为 2%，客单价为 30 元。

在“卖家下单 / 成交”之后，要想实现最终的目标，即“买家再来买”，卖家要做的就是提高店铺商品销售的老客户占比。

综上所述，卖家实现销售并持续提升销售收入的过程就像一个“漏斗”，如图 8-2 所示。

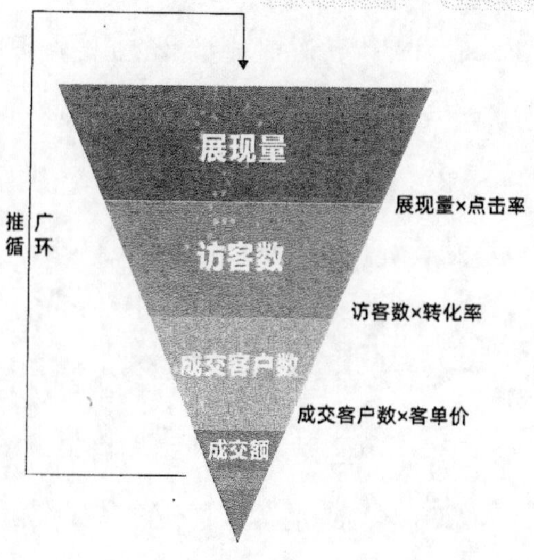

图 8-2　店铺运营漏斗模型

前面我们学习过，店铺销售收入的计算公式为：

店铺销售总收入 = 访客数 × 转化率 × 客单价

一般访客数与展现量和点击率呈正相关，因此，店铺销售收入与展现量、点击率、转化率和客单价四个维度呈正相关。经营店铺时，如果希望得到更多的店铺销售收入，卖家必须从扩大展现量及提高点击率、转化率和客单价这四个维度去考虑。

三、运营优化方法

（一）扩大展现量

扩大展现量的主要途径就是店铺推广，在第七步中，你系统学习了店铺推广的渠道和形式，明确了店铺推广的分类。

通过一段时间的运营沉淀，你可以利用数据分析工具分析店铺和商品的流量及展现量构成。

小贴士

各大电商平台都有自己的数据分析工具，以淘宝平台为例，你可以利用“生意参谋”这款工具了解店铺和商品的流量及展现量构成并开展推广优化分析。

你可以对展现量和流量构成的结果进行分析，明确店铺站内流量是多少、站外流量是多少、站内的免费流量和付费流量各多少、站外的免费流量和付费流量各多少，以及流量主要流向哪几款店内商品、各款商品获得的展现量有多少等。通过分析，发现店铺推广的“短板”，明确推广优化的任务，以扩大展现量。

入驻第三方电商平台创业，扩大电商平台站内的免费展现量至关重要，其核心工作就是开展搜索引擎优化（search engine optimization，SEO），利用各种工具或方法让买家有更多的机会“找到”你的店铺或商品。以淘宝平台为例，要做好搜索引擎优化，需要重点考虑以下几方面工作。

1. 相关性优化

（1）优化标题。商品标题的重要性不言而喻，对商品标题进行定期优化尤为重要。例如，通过淘宝的“生意参谋”工具，查看一段时间内标题中哪些关键词给该商品带来了展现量，哪些关键词从未带来展现量，如图 8-3 所示。你可以替换从未带来展现量的关键词，保留带来展现量的关键词，阶段性循环优化标题。

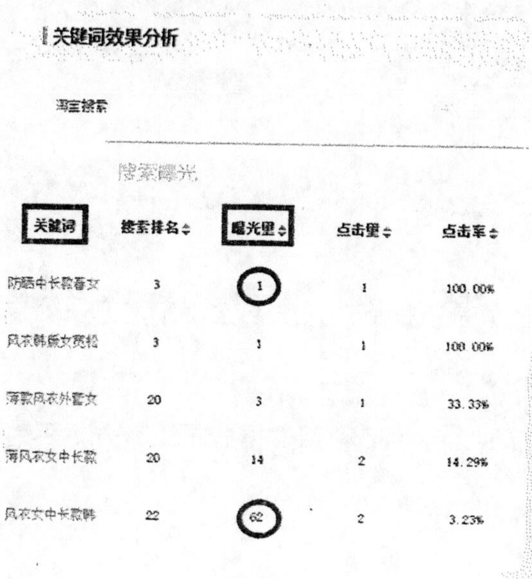

图 8-3　优化标题示例

（2）优化类目。发布商品时选择的类目要精准。例如，某卖家销售量杯，而对于该商品，系统提供的、可以选择的类目很多，如图 8-4 所示。卖家究竟应该选择哪一个？此时你就可以通过“生意参谋”工具确定流量分配较多的类目。

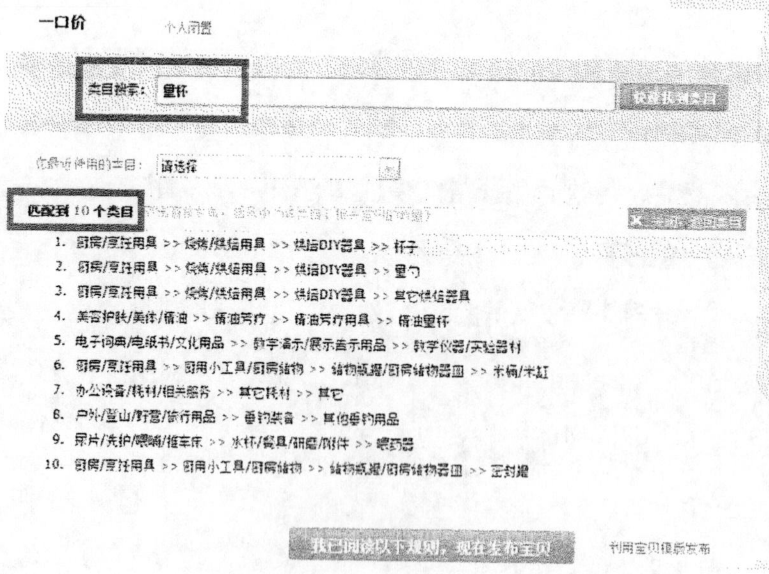

图 8-4　优化类目示例

（3）优化属性。发布商品时选择的属性要与商品相符，要求齐全且精准，以免发生偏差。例如，买家搜索“衬衫、白色”关键词时，搜索页面中会展现出其他颜色的衬衫，如

图 8-5 所示，其原因就是发布该商品时选择的“颜色”属性中包括了“白色”，如图 8-6 所示。

图 8-5 “衬衫 白色”搜索结果页面

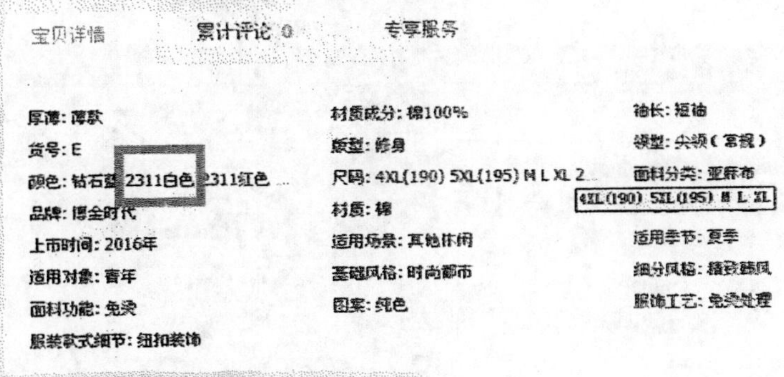

2. 优化商品权重

电商平台通常会计算所销售商品的权重，权重越高，商品获得的展现量越多。一般来说，你可以通过提高商品的点击率和转化率、商品销量、动销率、收藏量、加购量以及停留时间等指标，优化商品的权重，以获得更多的展现量。

小贴士

1. 动销率 =（动销品种数 ÷ 仓库总品种数）×100%
2. 收藏量是指一段时间内，商品被点击收藏的次数。
3. 加购量是指一段时间内新增商品加入购物车的去重买家数。

3. 优化店铺权重

店铺权重优化可以通过交纳消费者保证金、提供 7 天无理由退换货服务、成为金牌卖家、提升店铺动态评分 DSR、优化店铺介绍和店铺名称等工作，提升店铺权重，使店铺能够被电商平台优先推荐给买家，以获得更多展现量。

（二）提高点击率——优化商品主图和价格

1. 优化商品主图

在第七步中，你学习了商品主图的制作方法，那么，什么样的商品主图才能吸引“买家点击商品”呢？你可以从图 8-7 所示的几个方面去考虑。

图 8-7　商品主图优化思路

主图中的商品经过美工修饰，挖掘出商品的最大卖点并在主图上进行呈现，且主图的设计与同类商品的主图存在差异，再辅以促销及合理的布局，在诸多商品同时展现时可以吸引买家点击主图，进而提升商品的点击率。

2. 优化商品定价

价格是客户做出消费决策时考虑的重要因素。在第七步中，你学习了商品定价的方法，那么，什么样的定价对于买家具有较强的吸引力，且有利于提高商品点击率呢？除采用常规定价方法外，你还要从竞争对手角度优化商品价格，主要考虑商品所处商圈中竞争对手的价格，然后结合自身的销量和品牌进行优化。

（三）提高转化率

在买家点击进入店铺后，卖家最重要的工作就是留住买家，促成交易即提高转化率，具体可从以下几个方面着手。

1. 优化商品描述

在第七步中，你学习了商品描述的制作方法，那么，什么样的商品描述才能进一步促使“买家购买商品”呢？你可以从图 8-8 所示的几个方面去考虑。

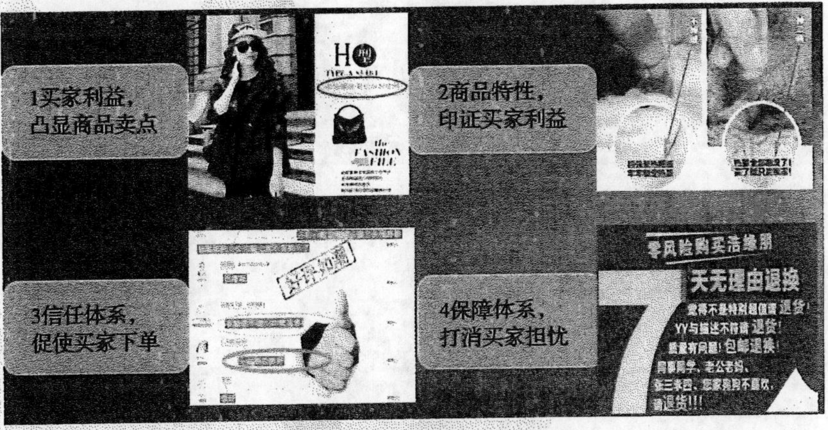

图 8-8　商品描述优化思路

（1）商品描述能否凸显商品的卖点，让买家感受到其可能得到的利益。所谓“卖商品不如卖效果”指的就是，买家最关注商品给自己带来了什么价值或者利益，而并非商品本身。

（2）商品描述能否展示出支撑卖点的证据，即呈现出商品的特性。你要努力展现出既体现商品卖点又符合买家需求的商品特性，让买家切实体会到商品能够为其带来他想要的效果。

（3）商品描述中能否呈现让买家信任的材料，不仅包括让买家信任商品的材料，还包括让买家信任店铺的材料。这些材料通常包括买家好评、商品权威认证，以及能够证明店铺实力的素材等，以此打造信任体系。

商品描述能否打消买家的疑虑。电商运营过程中，买家通常会质疑商品的实际效果，为此，你必须在商品描述中做出“一旦商品出现问题，我们还提供 7 天无理由退换货等服务”的承诺。

2. 优化商品促销

在第七步中，你学习了商品促销的方法，那么，什么样的商品促销策略才能进一步促使“买家购买商品”呢？你可以从以下几种方法去考虑。

（1）使用打折优惠策略，如限时优惠、参加团购和限量抢购活动等，如图 8-9 所示。

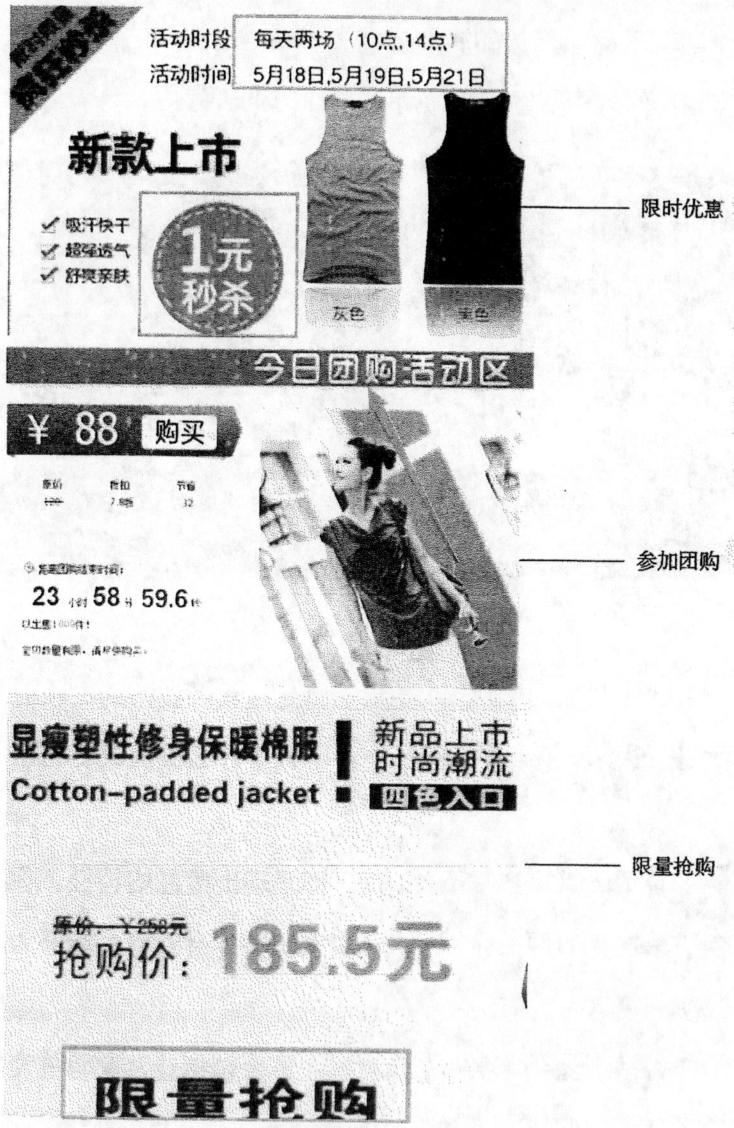

（2）使用包邮促销策略，如给前几名下单的买家提供商品包邮服务、买家购物达到一定金额后提供商品包邮服务、限时包邮服务等，如图 8-10 所示。

（3）使用阶梯促销策略，如给前几名下单的买家以优惠价、给前几名下单的买家返还一定数额的现金、给前几名下单的买家赠送礼物等。

图 8-10　使用包邮策略示例

3. 优化商品定价

这里所说的商品定价与“提高点击率”中所说的商品定价不同，前者指的是买家看到的一件商品的价格，而后者指的则是一系列价格信息，是在买家点击进入店铺后所看到的商品定价，如图 8-11 所示。卖家优化商品定价不仅要考虑商品的成本、竞争对手的价格等因素，还要考虑设置原价、一口价、店铺红包、返现红包、淘金币等多维度促销价格因素，促使买家积极下单，提高店铺成交转化率。

图 8-11　优化商品定价示例

4. 优化店铺装修

在第七步中，你学习了店铺装修的原则和方法，那么，什么样的店铺装修才能够吸引买家的注意力呢？你可以从图 8-12 所示的几个方面去考虑。

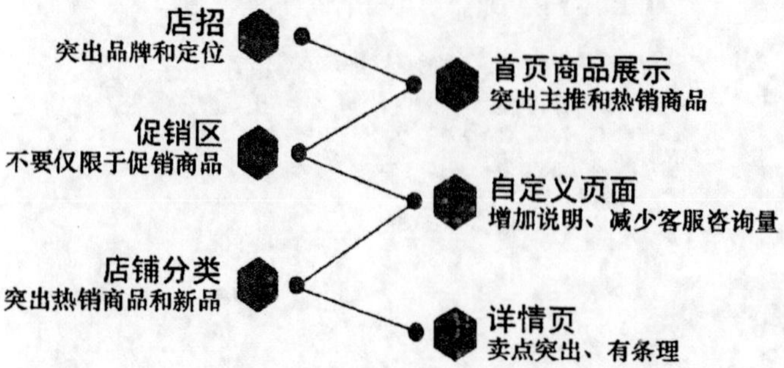

图 8-12　店铺装修优化思路

5. 优化客服

在第七步中，你学习了客服管理的内容，那么，什么样的售中客服才能进一步促使“买家购买商品”呢？客服人员应该重点分析买家心理，从优化“异议处理”环节着手。例如：

（1）如买家质疑商品价格，客服人员可以通过阐述商品价值和卖家实力来回复，如图 8-13 所示。

（2）如买家要求打折或包邮，客服人员可以通过明确店铺优惠原则来回复，如图 8-14 所示。

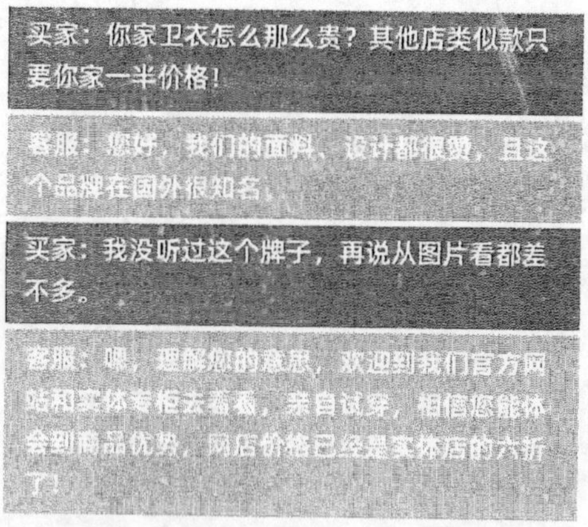

图 8-13　对“价格质疑”的处理方式示例

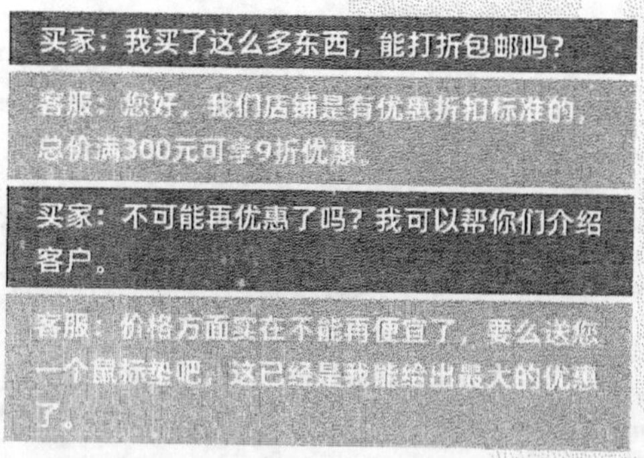

图 8-14　对“打折包邮”的处理方式示例

（四）提高客单价

1. 优化商品搭配营销、关联营销和其他营销

什么样的商品营销才能让每位下单的买家愿意购买更多的商品从而提高客单价呢？你可以从图 8-15 所示的几种营销方式去考虑。例如，开展搭配营销或关联营销，也可以配

合“满就送”的促销策略提升客单价。

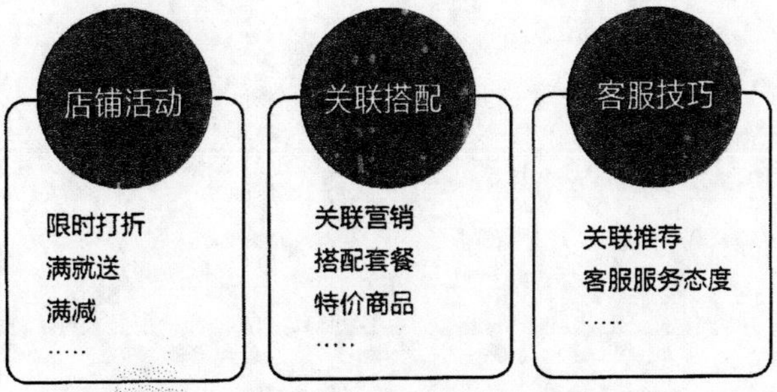

图 8-15　提高客单价的优化方法示例

2. 优化售中客服

要想提高客单价，客服人员可以立足于买家心理，从优化“商品推荐”环节着手。例如，恰当地利用推荐技巧和语言，向买家推荐关联商品、介绍促销方案等，如图 8-16 所示。

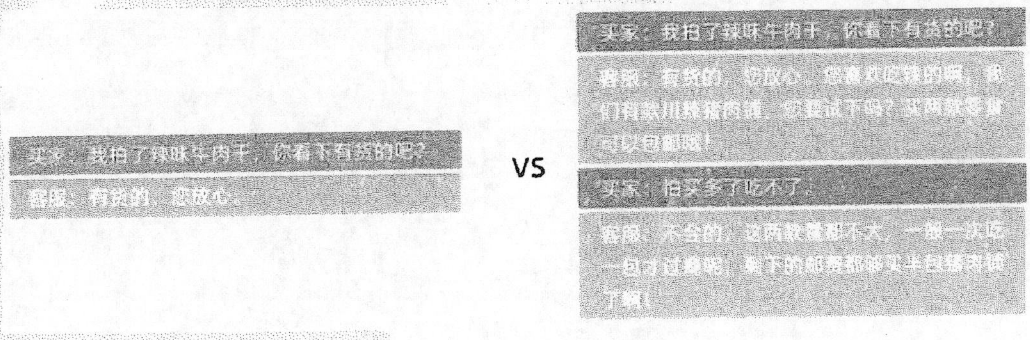

图 8-16　优化“商品推荐”示例